智能物流系统实训

李俊韬　陈志新　朱　杰　刘丙午　编著

中国财富出版社

图书在版编目（CIP）数据

智能物流系统实训／李俊韬等编著．—北京：中国财富出版社，2015．12
ISBN 978－7－5047－5917－7

Ⅰ．①智…　Ⅱ．①李…　Ⅲ．①物流－物资管理－智能系统　Ⅳ．①F252

中国版本图书馆 CIP 数据核字（2015）第 244553 号

策划编辑　葛晓雯　　**责任编辑**　葛晓雯
责任印制　何崇杭　　**责任校对**　梁　凡　　**责任发行**　斯　琴

出版发行	中国财富出版社		
社　　址	北京市丰台区南四环西路 188 号 5 区 20 楼	**邮政编码**	100070
电　　话	010－52227568（发行部）		010－52227588 转 307（总编室）
	010－68589540（读者服务部）		010－52227588 转 305（质检部）
网　　址	http://www.cfpress.com.cn		
经　　销	新华书店		
印　　刷	北京京都六环印刷厂		
书　　号	ISBN 978－7－5047－5917－7／F·2492		
开　　本	787mm×1092mm　1/16	**版　　次**	2015 年 12 月第 1 版
印　　张	8.5	**印　　次**	2015 年 12 月第 1 次印刷
字　　数	142 千字	**定　　价**	19.80 元

前言

PREFACE

进入21世纪以来，我国物流业总体规模快速增长，服务水平显著提高，发展的环境和条件不断改善，为进一步加快发展奠定了坚实基础，特别是在“十二五”期间，我国大力振兴物流行业，以此作为国民经济发展的重要催化剂。智能化是近年来各类技术发展的趋势，智能化技术与物联网技术相结合在当今物流领域的应用越来越频繁。智能化技术的应用是现代物流区别于传统物流的重要标志，也是物流技术中发展最快的领域。鉴于现代物流企业急需大量的智能化物流管理人才的时代背景，培养具备智能化与信息化水平的人才显得非常重要。

编者根据多年的教学实践和智能物流项目实施经验，撰写了本书。本书内容力求充实、创新，注重理论与实践相结合，涉及当今物流技术与智能化技术发展的最新成果，图文并茂，侧重学生实践动手能力训练。

全书共分为9章：第1章为概述部分，介绍了物联网与智能物流系统的基础知识；第2章、第3章为技术基础部分，介绍了智能物流系统关键技术基础和平台的基本情况；第4～9章为实训部分，详细介绍了智能物流系统的各个组成部分，主要有智能生产系统、智能仓储与配送系统、基于WebGIS（网络地理信息系统）的GPS（全球定位系统）智能监控系统、智能超市后台管理系统、智能超市前台管理系统以及智能购物车管理系统。

本书为物流专业课程教学提供了技术保障，不仅可作为与实训系统配套的参考书，也可作为高等院校物流工程专业、物流管理专业、工业工程专业、电子商务专业、信息管理与信息系统专业学生的教材或参考书，还可作为企业物流从业人员的技术培训用书。

本书由李俊韬、陈志新、朱杰、刘丙午编著，并得到了北京高等教育精品教材建设项目、北京市教委科研基地项目、北京市属高等学校人才强教深化计划资助项目（项目编号：PHR201108306）、北京市教育委员会科技发展计划重点项目“基于物联网技术的智能物流系统研究”、北京市市属高等学校创新团队建设与教师职业发展计划项目（项目编号：IDHT20130517）等的资助，在此表示感谢。

特别感谢张若凌、李友缘、李蒙、于为民、王孟孟在本书的编写过程中所给予的帮助。

为方便教学，欢迎选用本书的读者加入物流信息交流群（QQ 群号：276962432）进行经验交流与资源共享。

由于编者水平有限，加之时间仓促，书中难免有不足之处，恳请广大读者批评指正。

编　者

2015 年 8 月

目录

CONTENTS

1 物联网与智能物流系统概述

物联网技术是信息技术的革命性创新，物联网必将带来物流系统的智能化，带来敏捷智能的供应链变革，实现物流系统透明化与实时化管理，实现物流全过程的可追踪管理。物联网信息处理与智能物流系统相关理论和关键技术是物联网技术在物流系统应用的关键支撑技术，为此，加强物联网信息处理与智能物流系统实验室的建设十分重要，本章将针对物联网技术与智能物流系统展开介绍。

1.1 物联网技术概述

物联网技术经过了近年的高速发展，其概念包含范围已经远远超越了当初的 RFID（射频识别）技术范畴，拓展出了以感知层为基础、网络层为中继、应用层为主体的三层架构，现在的物联网技术已经逐步成熟，并形成了良好的体系架构和完整的产业链。

1.1.1 物联网起源及发展

物联网的理念最早出现于原美国微软公司董事长比尔·盖茨 1995 年《未来之路》一书。1999 年，美国 EPCglobal① 的 Auto-ID 中心首先提出“物联网”的概念，即把所有物品通过 RFID（射频识别）等信息传感设备与互联网连接起来，实现智能化识别和管理。

2005 年 11 月，国际电信联盟（ITU）发布了《ITU 互联网报告 2005：物联网》，

① EPCglobal 是国际物品编码协会和美国统一代码委员会的一个合资公司。

报告指出，无所不在的“物联网”通信时代即将来临，世界上所有的物体从轮胎到牙刷、从房屋到纸巾都可以通过互联网主动进行交换，RFID 技术、传感器技术、纳米技术、职能嵌入技术将得到更加广泛的应用。2008 年 11 月 IBM（国际商业机器公司）提出“智慧地球”概念，即“互联网 + 物联网 = 智慧地球”，以此作为经济振兴战略。

2009 年年初，美国总统奥巴马就职后，在和工商领袖举行的圆桌会议上对包括物联网在内的智慧型基础设施给予积极回应，将“新能源”和“物联网”列为振兴经济的两大武器，使得“物联网”概念在世界范围内引起轰动。2009 年 1 月，IBM 提出“智慧地球”构想，物联网为其中不可缺的一部分，而奥巴马对“智慧地球”构想作出了积极回应，并将其提升为国家层级的发展战略，从而引起全球广泛关注。

日本对信息技术的重视程度有目共睹，发展物联网也比其他国家起步较早。2000 年公布的五年信息技术计划“e-Japan”就为日后物联网的发展做好了准备，之后又相继颁布了“u-Japan”国家物联网战略以及“ICT 维新愿景 2.0”计划，这些政策都大大促进了物联网的发展。韩国的 IT839 战略将物联网作为三大基础建设重点之一。

发达国家一方面加大力度发展传感器节点核心芯片、嵌入式操作系统、智能计算等核心技术，另一方面加快标准制定和产业化进程，谋求在未来物联网的大规模发展及国际竞争中占据有利位置。

1.1.2 物联网在中国

自 2009 年 8 月温家宝总理提出“感知中国”以来，物联网被正式列为国家五大新兴战略性产业之一，写入“政府工作报告”，物联网在中国受到了全社会极大的关注。物联网的概念与其说是一个外来概念，不如说它已经是一个“中国制造”的概念，其覆盖范围与时俱进，已经超越了 1999 年 Ashton 教授和 2005 年 ITU 报告所指的范围，物联网已被贴上“中国式”标签。

根据 2009 年国务院正式发布的《物流业调整和振兴规划》（以下简称《规划》），物流业被国家列为十大振兴产业之一。在《规划》中明确提出了“十大任务”和“九大工程”，其中提高物流信息化水平是“十大任务”之一。在“九大工程”中的“物流科技攻关工程”中明确提出了“适应物流业与互联网融合发展的趋势，启动物联网的前瞻性研究工作”。

2010 年 9 月 8 日，国务院通过《国务院关于加快培育和发展战略性新兴产业的决定》，将物联网作为其中一项新型产业已经被提高到国家战略层面。物联网是战略性新兴产业的重要组成部分，对加快转变经济发展方式具有重要推动作用。为加快物联网发展，培育和壮大新一代信息技术产业，依据《中华人民共和国国民经济和社会发展第十二个五年规划纲要》和《国务院关于加快培育和发展战略性新兴产业的决定》，2011 年 11 月 28 日工信部制定了《物联网“十二五”发展规划》，提出了在智能物流、智能交通等重点领域开展应用示范工程，探索应用模式，积累应用部署和推广的经验和方法，形成一系列成熟的可复制推广的应用模板，为物联网应用在全社会、全行业的规模化推广做准备。

2012 年 2 月，国家《物联网“十二五”发展规划》正式发布，为物联网产业的快速发展提供了政策保证。在该规划中，提出了在智能工业、智能农业、智能物流、智能交通、智能电网、智能环保、智能安防、智能医疗、智能家居等重点领域开展应用示范工程，探索应用模式，积累应用部署和推广的经验和方法，形成一系列成熟的可复制推广的应用模板，为物联网应用在全社会、全行业的规模化推广做准备。

目前，全国已经有二十多个省市发布了物联网产业发展规划，更多的地区正在编制物联网发展规划。目前，我国物联网在安防、电力、交通、物流、医疗、环保等领域已经得到应用，且应用模式正日趋成熟。在物流领域，物品仓储、运输、监测应用广泛推广。

物联网对物流业的影响将是全方位的。物联网技术是信息技术的革命性创新，现代物流业发展的主线是基于信息技术的变革，物联网必将带来物流系统的智能化和敏捷智能的供应链变革，实现物流系统中物品的透明化与实时化管理和物流全过程的可追踪管理。

1.1.3 物联网定义

物联网（Internet of Things）就是“物物相连的互联网”，是将物品的信息（多种类型编码）通过 RFID、传感器等信息采集设备，按约定的通信协议与互联网连接起来，使物品的信息实现智能化识别、定位、跟踪、监控和管理的一种网络。

现阶段，物联网是指在物理世界的实体中部署具有一定感知能力、计算能力和执行能力的各种信息传感设备，通过网络设施实现信息传输、协同和处理，从而实现广域或大范围的人与物、物与物之间信息交换需求的互联，物联网示意图如图1－1所示。

图1－1　物联网示意

1.1.4　物联网体系架构

物联网的体系架构由感知层、网络层、应用层组成。感知层主要实现智能感知功能，包括信息采集、捕获和物体识别。网络层主要实现信息的传送和通信。应用层则主要包括各类应用，如监控服务、智能电网、工业监控、绿色农业、智能家居、环境监控、公共安全等，物联网层次示意如图1－2所示。

1.1.5　物联网产业链

物联网至少包括以下五个方面的技术以及围绕这些技术的庞大产业群。

1. 以RFID为代表的物品识别技术

物品识别技术是实现物联网的基础。RFID（Radio Frequency Identification）是当

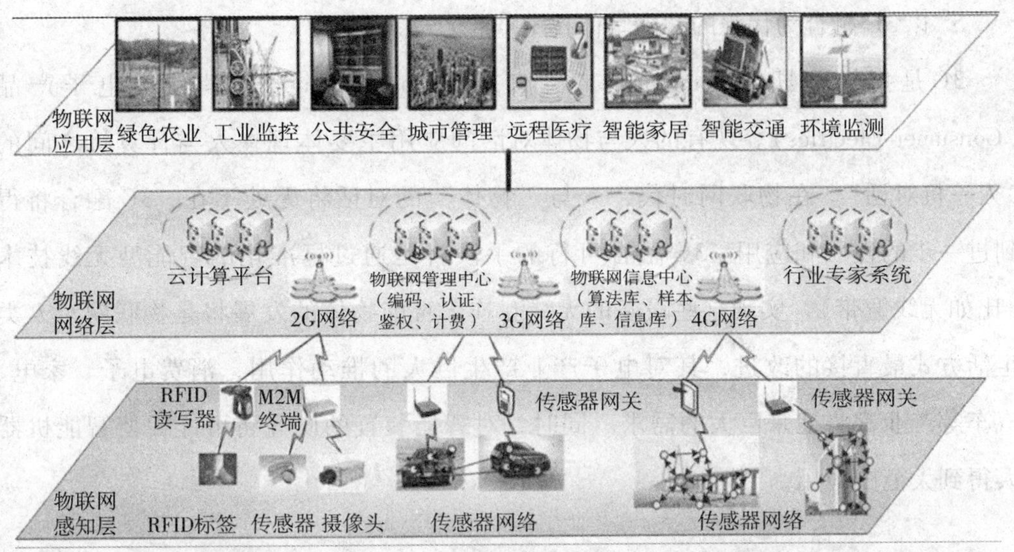

图 1－2　物联网层次示意

前最被看好的物品识别技术。一个完整的 RFID 标签由 RFID 芯片、天线以及封装媒介所组合。RFID 标签技术将带动材料技术、芯片及封装技术、能源技术等产业的发展。

2. 传感与传动技术

物联网将实现“人—物”互动以及“物—物”互动，这就要求物体具备根据物理变化做出反应的能力。为赋予物体“智能”属性，传感与传动技术的应用将不可或缺。传感与传动技术涉及领域极广，其技术需求将能够带动半导体、精密机械、电子元器件、光学、声学等多科技领域的进步。

3. 网络和通信技术

在物联网时代，由于所有物体都处于随时接收数据并传输数据的状态中，由此所产生的海量数据传输需求将不是现有网络技术所能应对，这将带动有线网络投资、无线网络升级、信息设备及软件、网络搜索等产业的发展。

4. 数据处理与存储

物联网时代所产生的数据量将是难以想象的庞大，将对数据处理与储存技术提出前所未有的挑战。数据处理及存储需求将带动包括“云计算”在内的计算机软硬件、半导体、电子元器件等产业的发展。

5. 以3C融合为代表的智能物体技术

3C是指计算机（Computer）、通信（Communication）和消费类电子产品（Consumer Electrics）。现有的人与物体对话的应用主要体现在人与计算机之间的“人—机对话”。在物联网时代，人与“物体”的对话将无处不在，3C融合将得到进一步的发展和应用。3C融合可行的手段就是通过标准化的智能型无线技术（比如无线宽带），实现这些设备的无缝互连。智能物体的发展将是物联网对人类生活方式最直接的改进，其对电子产业产生巨大的推动作用，消费电子、家电、汽车等产业都将迎来巨大的需求。同时，对智能装置的研究将可能促使智能机器人得到大范围应用。

1.2 智能物流系统概述

21世纪是智能化的世纪，随着智能技术的发展，物流也在朝智能化方向发展，智能物流（Intelligent Logistics）的概念随之出现。智能物流是一个复杂的大系统，是多学科交叉、渗透、融合的产物，涉及自然科学（包括人工智能、信息科学、物流科学、交通运输、机械工程等）和社会科学（组织行为学、心理学、认知科学等）等多个学科领域。通过将信息技术、智能技术、计算机技术等高新技术引入物流领域，并与其他技术集成，能够有效地整合物流系统的各种资源，提高整个社会的物流效率，降低物流成本。目前，智能物流已成为现代物流业的一个重要领域，引起了国内外学者的广泛关注。

1.2.1 智能物流系统定义

物联网技术的发展给智能物流赋予了新的内涵，使智能物流系统的信息采集和共享更为方便和快捷。智能物流是以物联网广泛应用为基础，利用先进的信息采集、信息传递、信息处理、信息管理技术、智能处理技术，通过信息集成、技术集成和物流业务管理系统的集成，实现贯穿供应链全程中，生产、配送、运输、销售以及追溯的物流全过程优化以及资源优化，并使各项物流活动优化、高效运行，为供方提供最大化利润，为需方提供最佳服务，同时消耗最少的自然资源和社会资源，最大限度地保护好生态环境的整体智能社会物流管理体系。

随着电子商务物流、生产物流、商贸物流、应急物流、农业物流、冷链物流、交通物流等行业物流的应用需求，以物联网及云计算为技术基础，利用物联网技术，突破货物跟踪定位、智能交通、移动物流信息服务等关键技术，加快先进物流设备的研制，开展全流程可视化物流运营服务，提高物流系统全程监管和平台化水平。物联网技术实现智能仓储和智能运输的协同管理，搭建协同物流可视化公共信息平台，与相关企业合作开展物流全程可视化系统应用，探索基于智能物流系统协同发展的相关问题，提高我国物流行业和运输行业的运营效率、降低运输成本、减少能源消耗、减少运输车辆安全事故，加快推动智能物流系统快速发展。

1.2.2 国内外智能物流系统发展

智能物流在美日欧等发达国家发展迅速，并在应用中取得了很好的效果。国外的综合物流公司已建立自身的全程跟踪查询系统，为用户提供货物的全程实时跟踪查询，这些区域性或全球性的物流企业利用网络上的优势，目前正在将其业务沿着主营业务向供应链的上游和下游企业延伸，提供大量的增值服务，这其中美国联邦快递公司（FedEx）所提供准时送达服务（Just In Time Delivery，JIT－D）具有代表性。FedEx 目前每天要处理全球 211 个国家的近 250 万件包裹，利用其研发的基于 Internet 的 InternetShip 物流实时跟踪系统，FedEx 的 JIT － D 达到了 99%。针对每一个包裹，FedEx 从包裹收取开始到包裹送达完成全过程的每一环节都可以实时跟踪。美国 UPS 公司也认为如今提供信息服务已是包裹递送业务中的一个至关重要的竞争因素，他们已通过广泛应用以信息为基础的技术来提高其服务能力。

2011 年 1 月，全球领先的通信服务商英国电信（BT）与 Omnitrol Networks 公司合作，部署基于 RFID 零售库存解决方案，该系统能够跟踪实际库存移动情况，并根据最小存货单位（SKU）跟踪单品周转率，可提前向零售店面经理同步发出实时补货提醒，实现供应链的可视化，帮助零售商大幅提高员工生产力，实现实时库存管理与追溯，创造更加智能化、协作更紧密的供应链。作为国际大型零售业巨头，美国沃尔玛在智能化物流方面投入巨大。沃尔玛为每家分店的送货频率通常是每天一次，能够做到及时补货，所以领先于竞争对手。一般来说，物流成本占整个销售额的10%左右，有些食品行业甚至高达20%或者30%。但是，采用智能物流系统后，沃尔玛的配送成本仅占其销售额的2%。如此灵活高效的物流调度，使得沃尔玛在激烈的零售业竞争中能够始终保持领先优势。

日本应用物联网技术的行业和领域的案例是非常多，目前比较典型的案例主要有零售百货业、物流运输业、智能交通业、生产制造业、机场行李管理、医疗卫生、图书管理七个领域。在物流业应用中，由于日本对食品的品质和温度要求非常严格，为了保持食品最佳的状态，往往需要在运输过程中对食品进行严格的温度监控。因此在日本的物流运输车辆（如运送食品和酒类的货车）上通常会放若干个RFID标签，供有关部门随时监测运输过程中的车厢内的温度变化。通过物联网技术对食品、药品的流通监管，以保障其安全性。

在物联网技术应用方面，欧盟各成员国在诸如交通、身份识别、生产线自动化控制、物资跟踪等封闭系统与美国基本处在同一阶段。欧洲许多大型企业都纷纷进行RFID的应用实验。欧盟致力于推进RFID的研究和应用，并资助一项为期三年的、致力于RFID系统有效应用的研究、发展、培训和示范计划。

现代物流业作为十大规划振兴产业之一，智能物流系统的快速发展将进一步促进我国物流产业的飞速发展。因此，加快物联网技术与智能物流系统研究及应用推广工作显得十分重要。

物流领域作为物联网重要的应用领域，将物联网技术应用在物流业务中，不仅可以突破物流领域中底层数据采集的“瓶颈”，提高供应链可视化程度、库存准确性、需求预测的准确度、供应链的快速反应能力等，还可以解决零售业物品脱销、失窃及供应链混乱带来的损耗等问题。物联网技术在物流业的应用必将成为物联网技术技术应用的热点领域。

尽管物联网技术与智能物流系统研究已经成为国内外相关领域研究的一个新热潮，而且已经取得了令人鼓舞的成绩，但是仍然有许多问题需要解决。在物流系统中，如何管理和利用物联网技术产生的海量数据是进一步研究和应用物联网技术需要解决的关键问题；如何利用物联网技术实现智能物流系统研究和针对物联网信息处理技术与智能物流系统的研究也才刚刚起步。

学术界已经普遍认识到物联网信息处理的重要性。但到目前为止，针对物联网数据与信息处理技术的研究在国外也刚刚起步，还存在较多技术难题。国内对物联网技术的研究主要集中在 RFID 标签、读写器及 ZigBee 等硬件设备研制、安全问题及行业应用，而针对物联网智能信息处理的研究领域，目前相关研究工作则相对较少。

1.2.3 智能物流系统人才需求

随着经济的发展，物流产业在经济发展中扮演的角色越来越受到关注。有些地区将物流系统及物流信息化建设作为在 21 世纪实现可持续发展的关键。同时，伴随着物联网技术的成熟与政策的引导及其在物流管理中也逐步得到发展应用，而智能物流系统的概念也成为物流领域中的热点，因此，物流行业对于新一代物流人才的需求也逐步提升，据中国物流与采购联合会的最新数据显示：2015 年，中国智能物流核心技术将形成的产业规模达 2000 亿元。仅昆明一地，2012 年以后新机场物流城可提供 3 万 ~5 万个就业岗位。包括上海、重庆、广州、深圳、无锡、南京、西安、武汉等国家大型国际物流港的发展，到 2013 年全国现代物流与智能仓储方面的技术管理人才缺口在 20 万人以上。物流人才是物流产业发展的根本。然而由于传统的高校教育在教学内容、教学方法等方面存在着知识老化、方法陈旧落后、理论知识和实践相脱节的现象，学生的学习兴趣没有被激发，创新能力也未得到培养。

1.2.4 智能物流系统特征

根据智能物流的概念和内涵，智能物流系统具有以下特征。

1. 物流信息化

物流信息化表现在物流商品本身的信息化、物流信息收集的数据库化和代码化、物流信息处理的电子化、物流信息传递的网络化、标准化和实时化以及物流信息存储的数字化等方面。物流领域中应用的任何先进技术设备都是依靠物流信息这个纽带来进行相互协作，进而实现各种物流业务的。

2. 物流智能化

智能化是智能物流（ILS）的核心特征，是区别于其他物流系统的主要标志。ILS 的智能化主要体现在物流作业的智能化和物流管理的智能化两个方面。在物流作业活动中，通过采用智能化技术，有效提高物流作业的效率和安全性，减少物流作业的差错率。物流管理的智能化主要体现在智能化地获取、传递、处理与利用信息和知识，为物流管理决策服务。

3. 物流自动化

物流自动化是指物流作业过程中的设备和设施自动化，包括运输、包装、分拣、识别等作业过程的自动化，其基础是物流信息化，核心是机电一体化。物流自动化借助于自动识别系统、自动检测系统、自动分拣系统、自动存取系统、货物自动跟踪系统以及信息引导系统等技术来实现对物流信息的实时采集和追踪，进而提高整个物流系统的管理和监控水平，提升物流作业能力，提高物流生产效率和减少物流作业的差错等。

4. 物流集成化

ILS 的集成化主要体现在技术的集成、物流环节的集成和物流管理系统的集成三个方面。通过技术集成将先进的信息技术、智能技术和物流管理技术等集成在一起；通过依托信息共享和集成，将物流管理过程中的运输、存储、包装、装卸、配送等诸环节集合成一体化系统；通过将物流的各种业务系统（如运输管理系统、仓储管理系统、物流配送系统等）集成在一起，构建一体化的集成管理系统。ILS 的集成化能有效实现物流各环节的信息共享和物流资源的整合，有效缩短交货期、降低成本，提高企业乃至整个供应链的竞争能力。

5. 物流网络化

物流网络化包括物流设施及业务网络化和物流信息网络化两方面的内容。物流信息网络化是根据物流设施、业务网络的发展需要，利用计算机通信网络和物联网建立起来的物流信息网。现代物流网络化强调的是物流信息的网络化，其基础是物流信息化：一方面，现代物流配送系统通过计算机网络通信、物联网、EOS（嵌入式操作系统）、EDI 等技术把物流配送中心与其上游的供应商和下游的顾客之间建立起了有机的联系，保证了物流信息的畅通；另一方面，企业内部各部门通过局域网完成其组织的网络化，以实现公司内部的信息交换。

2 智能物流系统关键技术概述

2.1 条码技术

2.1.1 条码的概念

1. 条码（Bar Code）

条码是由一组规则排列的条、空及其对应字符组成的标记，用于表示一定的信息（如图2－1所示）。条码通常用来对物品进行标识，这个物品可以是用来进行交易的一个贸易项目，如一瓶啤酒或一箱可乐，也可以是一个物流单元，如一个托盘。所谓对物品的标识，就是首先给某一物品分配一个代码，然后以条码的形式将这个代码表示出来，并且标识在物品上，以便识读设备通过扫描识读条码符号而对该物品进行识别。条码不仅可以用来标识物品，还可以用来标识资产、位置和服务关系等。

图2－1 条码示意

2. 代码（Code）

代码即一组用来表征客观事务的一个或一组有序的符号。代码必须具备鉴别功能，即在一个信息分类编码标准中，一个代码只能唯一标识一个分类对象，而一个分类对象只能有一个唯一的代码。

3. 码制

条码的码制是指条码符号的类型，每种类型的条码符号都是由符合特定编码规则的条和空组合而成。每种码制都具有固定的编码容量和所规定的条码字符集。条码字符中字符总数不能大于该种码制的编码容量。常用的一维条码码制包括：EAN 码、UPC 码、UCC/EAN－128 条码、交插 25 码、39 码、93 码、库德巴码等。

4. 字符集

字符集是指某种码制的条码符号可以表示的字母、数字和符号的集合。有些码制仅能表示 10 个数字字符：0～9，如 EAN/UPC 码；有些码制除了能表示 10 个数字字符外，还可以表示几个特殊字符，如库德巴码。39 码可表示数字字符 0～9、26 个英文字母 A～Z 以及一些特殊符号。

5. 连续性与非连续性

条码符号的连续性是指每个条码字符之间不存在间隔。相反，非连续性是指每个条码字符之间存在间隔。从某种意义上讲，由于连续性条码不存在条码字符间隔，所以密度相对较高，而非连续性条码的密度相对较低。

6. 定长条码与非定长条码

定长条码是条码字符个数固定的条码，仅能表示固定字符个数的代码。非定长条码是指条码字符个数不固定的条码，能表示可变字符个数的代码。例如 EAN/UPC 码是定长条码，其标准版仅能表示 12 个字符，而 39 条码则为非定长条码。

7. 双向可读性

条码符号的双向可读性是指从左、右两侧开始扫描都具有可被识别的特性。绝大多数码制都具有双向可读性。

8. 自校验特性

条码符号的自校验特性是指条码字符本身具有校验特性。若在一条码符号中，一个印刷缺陷（例如，因出现污点把一个窄条错认为宽条，而相邻宽空错认为窄空）不会导致替代错误，那么这种条码就具有自校验功能。例如 39 码、库德巴码、交插25码都具有自校验功能；EAN和UPC码、93码等都没有自校验功能。

9. 条码密度

条码密度是指单位长度条码所表示条码字符的个数。条码密度越高，所需扫描设备的分辨率也就越高，这将增加扫描设备对印刷缺陷的敏感性。

10. 条码质量

条码质量指的是条码的印制质量，主要从外观、条（空）反射率、条（空）尺寸误差、空白区尺寸、条高、数字和字母的尺寸、校验码、译码正确性、放大系数、印刷厚度、印刷位置几个方面进行判定。

条码的质量是确保条码正确识读的关键，不符合条码国家标准技术要求的条码，不仅会影响扫描速度，降低工作效率，而且可能造成误读进而影响信息采集系统的正常运行。

2.1.2 条码技术的特点

条码技术是电子与信息科学领域的高新技术，所涉及的技术领域较广，是多项技术相结合的产物。经过多年的长期研究和应用实践，条码技术现已发展成为较成熟的实用技术。

在信息输入技术中，采用的自动识别技术种类很多。条码作为一种图形识别技术与其他识别技术相比具有如下特点。

1. 简单

条码符号制作容易，扫描操作简单易行。

2. 信息采集速度快

普通计算机的键盘录入速度是200字符/分，而利用条码扫描录入信息的速度是键盘录入的20倍。

3. 采集信息量大

利用条码扫描，一次可以采集几十位字符的信息，而且可以通过选择不同码制的条码增加字符密度，使录入的信息量成倍增加。

4. 可靠性高

键盘录入数据，误码率为三百分之一，利用光学字符识别技术，误码率约为万分之一。而采用条码扫描录入方式，误码率仅有百万分之一，首读率可达98%以上。

5. 灵活、实用

条码符号作为一种识别手段可以单独使用，也可以和有关设备组成识别系统实现自动化识别，还可和其他控制设备联系起来实现整个系统的自动化管理。同时，在没有自动识别设备时，也可实现手工键盘输入。

6. 自由度大

识别装置与条码标签相对位置的自由度要比OCR（光学字符识别）大得多。条码通常只在一维方向上表示信息，而同一条码符号上所表示的信息是连续，这样即使是标签上的条码符号在条的方向上有部分残缺，仍可以从正常部分识读正确的信息。

7. 设备结构简单、成本低

条码符号识别设备的结构简单，操作容易，无须专门训练，与其他自动化识别技术相比较，推广应用条码技术，所需费用较低。

2.1.3 条码的分类

目前，世界上常用的码制有ENA码、UPC码、交叉25码、库德巴码、39码和128码等，而在商品上最常使用的就是EAN商品码。目前常用码制如表2－1所示，说明如下。

表2－1　常用条码的码制比较

种类	长度	排列	校验	字符符号、码元结构	其他
EAN－13 EAN－8	13位 8位	连续	校验码	7个模块，2条、2空	EAN－13为标准版 EAN－8为缩短版
UPC－A UPC－E	12位 8位	连续	校验码	7个模块，2条、2空	UPC－A为标准版 UPC－E为消零压缩版

续 表

种类	长度	排列	校验	字符符号、码元结构	其他
39 码	可变长	非连续	自检验校验码	12 个模块，5 条、4 空，其中 3 个宽单元，6 个窄单元	“*”用作起始符和终止符，密度可变，有串联性，也可增设校验码
93 码	可变长	连续	校验码	9 个模块，3 条、3 空	有串联性，可设双校验码，加前置码后可表示 128 个全 ASCII 码
基本 25 码	可变长	非连续	自校验	14 个模块，5 个条，其中 2 个宽单元，3 个窄单元	空不表示信息，密度低
交叉 25 码	定长或可变长	连续	自校验校验码	18 个模块表示 2 个字符。5 个条表示奇数位，5 个空表示偶数位	表示偶数位个信息编码，密度高，EAN、UPC 的物流码采用该码制
矩阵 25 码	定长或可变长	非连续	自校验校验码	9 个模块，3 条 2 空，其中 2 个宽单元 3 个窄单元	密度较高，在我国被广泛地用于邮政管理
库德巴码	可变长	非连续	自校验	7 个单元，4 条 3 空	有 18 种密度
128 码	可变长	连续	校验码	11 个模块，3 条、3 空	有功能码、对数字码的密度最高
49 码	可变长多行	连续	校验码	每行 70 个模块，18 个条，17 个空	多行任意起始扫描，行号由每行词的奇偶性决定
11 码	可变长	非连续	自校验	3 条 2 空	有双自校验功能

1. 按码制分类

（1）UPC 码。1973 年，美国率先在国内的商业系统中应用 UPC 码，之后加拿大也在商业系统中采用。UPC 码是一种长度固定的连续型数字式码制，其字符集为数字 0 ~ 9。它采用四种元素宽度，每个条或空是 1 倍、2 倍、3 倍或 4 倍单位元素宽度。UPC 码有两种类型，即 UPC－A 码和 UPC－E 码。

（2）EAN 码。1977 年，欧洲经济共同体各国按照 UPC 码的标准制定了欧洲物品编码 EAN 码，与 UPC 码兼容，而且两者具有相同的符号体系。EAN 码的字符编号结构与 UPC 码相同，也是长度固定的、连续型的数字式码制，其字符集是数字 0～9。它采用四种元素宽度，每个条或空是 1 倍、2 倍、3 倍或 4 倍单位元素宽度。EAN 码有两种类型，即 EAN－13 码和 EAN－8 码。

（3）交叉 25 码。交叉 25 码是一种长度可变的连续型自校验数字式码制，其字符集为数字 0～9。采用两种元素宽度，每个条和空是宽或窄元素。编码字符个数为偶数，所有奇数位置上的数据以条编码，偶数位置上的数据以空编码。如果为奇数个数据编码，则在数据前补一位 0，以使数据为偶数个数位。

（4）39 码。39 码是第一个字母数字式码制，1974 年由 Intermec 公司推出。它是长度可比的离散型自校验字母数字式码制，广泛应用于工业产品、商业资料和医疗卫生等领域。

（5）库德巴码。库德巴码（Code Bar）出现于 1972 年，是一种长度可变的连续型自校验数字式码制。常用于仓库、血库和航空快递包裹中。

（6）128 码。128 码出现于 1981 年，是一种长度可变的连续型自校验数字式码制。它采用四种元素宽度，每个字符由 3 个条和 3 个空，共 11 个单元元素宽度。它由 106 个不同条码字符，每个条码字符有三种含义不同的字符集，分别为 A、B、C。它使用这 3 个交替的字符集可将 128 个 ASCII 码编码。

（7）93 码。93 码是一种长度可变的连续型字母数字式码制，比 39 码能够编码更大的字符集，并且拥有更高的数据容量。

（8）49 码。49 码是一种多行的连续型、长度可变的字母数字式码制。出现于 1987 年，主要用于小物品标签上的符号，采用多种元素宽度。

（9）其他码制。除上述码外，还有其他的码制，例如 25 码出现于 20 世纪 60 年代后期，主要用于航空系统的机票的顺序编号；11 码出现于 1977 年，主要用于电子元器件标签；矩阵 25 码是 11 码的变形；Nixdorf 码已被 EAN 码所取代；Pbssey 码出现于 1971 年 5 月主要用于图书馆等。

2. 按维数分类

（1）普通的一维条码。一维条码只在一个方向（一般是水平方向）表达信息，而在垂直方向则不表达任何信息，其一定的高度通常是为了便于阅读器的对准。一维条码的应用可以提高信息录入的速度，减少差错率，可直接显示内容为英文、数字、简单符号；储存数据不多，主要依靠计算机中的关联数据库；保密性能不高；损污后可读性差。

随着条码技术的发展和条码码制的种类不断增加，条码的标准化显得越来越重要。为此，美国的相关组织曾先后制定了军用标准 1189、交叉 25 码、39 码和库德巴码 ANSI 标准 MH10.8M 等。同时，一些行业也开始建立行业标准，以适应发展的需要。此后，戴维·阿利尔又研制出 49 码，这是一种非传统的条码符号，它比以往的条码符号具有更高的密度。特德·威廉斯（Ted Williams）于 1988 年推出 16K 码，该码的结构类似于 49 码，是一种比较新型的码制，适用于激光系统。

普通的一维条码自问世以来，很快得到了普及和广泛应用。但是由于一维条码所携带的信息量有限，比如商品上的条码仅能容纳 13 位（EAN－13 码）阿拉伯数字，更多的信息只能依赖商品数据库的支持，离开了预先建立的数据库，这种条码就没有意义了。因此在一定程度上也限制了条码的应用范围。基于这个原因，在 20 世纪 90 年代二维条码出现了。二维条码除了具有一维条码的优点外，同时还有信息量大、可靠性高、保密、防伪性强等优点。

（2）二维条码。在水平和垂直方向的二维空间存储信息的条码，称为二维条码（2－Dimensional Bar Code），可直接显示英文、中文、数字、符号、图形；储存数据量大，可存放 1K 字符，可用扫描仪直接读取内容，无须依赖数据库；保密性高（可加密）；安全级别最高时，即使损污 50% 仍可读取完整信息。使用二维条码可以解决如下问题：表示包括汉字、照片、指纹、签字在内的小型数据文件；在有限的面积上表示大量信息；对“物品”进行精确描述；防止各种证件、卡片及单证的仿造；在远离数据库和不便联网的地方实现数据采集，不同二维码示意图如图 2－2 所示。

图 2-2 二维条码示意

目前，二维条码主要有 PDF417 码、Code 49 码、Code 16K 码、Data Matrix 码、MaxiCode 码等，可分为堆积式或层排式二维条码（Started Bar Code）和棋盘式或矩阵式二维条码（Dot Matrix Bar Code）两大类型。

二维条码除具有普通条码的优点外，还具有信息容量大、可靠性高、保密防伪性强、易于制作、成本低等优点。二维条码依靠其庞大的信息携带量，能够把过去使用一维条码时存储于后台数据库中的信息包含在条码中，可以直接通过阅读条码得到相应的信息，并且二维条码还有错误修正技术及防伪功能，增加了数据的安全性。

二维条码可把照片、指纹信息编制于其中，可有效地解决证件的可机读和防伪问题。因此，可广泛应用于护照、身份证、行车证、军人证、健康证、保险卡等。

另外，在海关报关单、长途货运单、税务报表、保险登记表上也都有使用二维条码技术来解决数据输入及防止伪造、删改表格的例子。

（3）多维条码。进入 20 世纪 80 年代以来，人们围绕如何提高条码符号的信息密度，进行了研究工作。多维条码和集装箱条码成为研究与应用的方向。

2.1.4 条码技术的组成

条码技术由条码本体、条码识读设备与上位计算机组成，结构如图 2-3 所示。

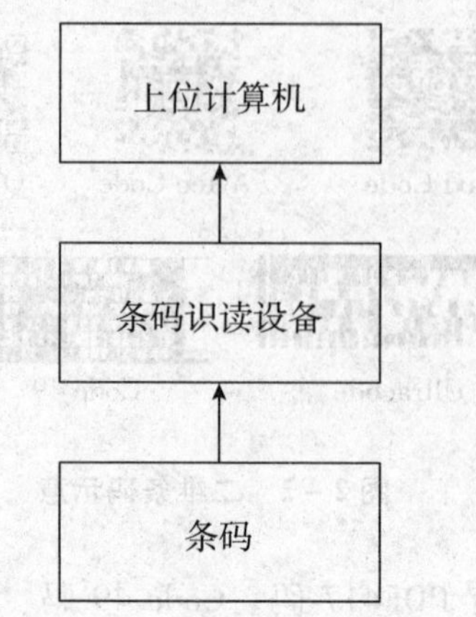

图 2-3 条码技术组成示意

2.2 射频识别（RFID）技术

2.2.1 RFID 技术的概念

RFID 是射频识别的英文 Radio Frequency Identification 的缩写。RFID 技术是 20 世纪 90 年代开始兴起的一种自动识别技术，利用无线射频方式在阅读器和射频卡之间进行非接触双向数据传输，以达到目标识别和数据交换的目的。

RFID 技术的基本原理是电磁理论，由标签专用芯片和标签天线组成。其主要核心部件是一个直径仅为 2 毫米不到的电子标签，通过相距几厘米到几米距离内传感器发射的无线电波，可以读取电子标签内储存的信息，识别电子标签代表的物品、人和器具的身份。RFID 的存储容量是 2 的 96 次方以上，因此，理论上它可以把世界上每一件商品用唯一的代码表示。由于长度的限制，以往使用条码，人们只能给每一类产品定义一个类码，从而无法通过代码获得每一件具体产品的信息。智能标签彻底打破了这种限制，使每一件商品都可以拥有独一无二的 ID。况且，商品贴上这种电子标签之后，从工厂的流水线上开始，到被摆上商场的货架，再到消费者购买结账，甚至到标签最后被回收的整个过程都能够被追踪管理。

与目前广泛使用的自动识别技术（例如摄像、条码、磁卡、IC 卡等）相比，RFID 技术具有很多突出的优点：第一，非接触操作，长距离识别（几厘米至几十米)，完成识别工作时无须人工干预，应用便利；第二，无机械磨损，寿命长，并可工作于各种油渍、灰尘污染等恶劣的环境；第三，可识别高速运动物体并可同时识别多个电子标签；第四，读写器具有不直接对最终用户开放的物理接口，保证其自身的安全性；第五，数据安全方面除电子标签的密码保护外，数据部分可用一些算法实现安全管理；第六，读写器与标签之间存在相互认证的过程，实现安全通信和存储。

目前，RFID 技术在国民经济的各个领域具有广泛的用途。在安全防护领域，RFID 技术可以用于门禁保安、汽车防盗、电子物品监控；在商品生产销售领域，RFID 技术可以用于生产线自动化、仓储管理、产品防伪、收费；在管理与数据统计领域，RFID 技术可以用于畜牧管理、运动计时；在交通运输领域，RFID 技术可以用于高速公路自动收费及交通管理、火车和货运集装箱的识别等。

总之，RFID 技术在未来的发展中结合如 GPS、生物识别等高新技术，由单一识别向多功能识别方向发展的同时，将结合现代通信及计算机技术，实现跨地区、跨行业综合应用。

2.2.2 RFID 技术的特点

RFID 是一项易于操控，简单实用且特别适合用于自动化控制的灵活性应用技术，识别工作无须人工干预，既可支持只读工作模式，也可支持读写工作模式，且无须接触或瞄准；可自由工作在各种恶劣环境下：短距离射频产品不怕油渍、灰尘污染等恶劣的环境，可以替代条码，例如用在工厂的流水线上跟踪物体；长距射频产品多用于交通上，识别距离可达几十米，如自动收费或识别车辆身份等。其所具备的独特优越性是其他识别技术无法企及的。

RFID 主要有以下几个方面特点：

（1）读取方便快捷：数据的读取无须光源，甚至可以穿透外包装进行。有效识别距离更大，采用自带电池的主动标签时，有效识别距离可达到 30 米以上。

（2）识别速度快：标签一进入磁场，解读器就可以即时读取其中的信息，而且能够同时处理多个标签，实现批量识别。

（3）数据容量大：数据容量最大的二维条码（PDF417），最多也只能存储 2725 个数字；若包含字母，存储量则会更少；RFID 标签则可以根据用户的需要扩充到数万个。

（4）使用寿命长，应用范围广：RFID 无线电通信方式，使其可以应用于粉尘、油污等高污染环境和放射性环境，而且其封闭式包装使得其寿命大大超过印刷的条码。

（5）标签数据可动态更改：利用编程器可以向其写入数据，从而赋予 RFID 标签交互式便携数据文件的功能，而且写入时间相比打印条码更便捷。

（6）更好的安全性：RFID 标签不仅可以嵌入或附着在不同形状、类型的产品上，而且可以为标签数据的读写设置密码保护，从而具有更高的安全性。

（7）动态实时通信：RFID 标签以与每秒 50～100 次的频率与解读器进行通信，所以只要 RFID 标签所附着的物体出现在解读器的有效识别范围内，就可以对其位置进行动态的追踪和监控。

几种常见的自动识别技术的比较如表 2－2 所示。

表 2－2　　常见的自动识别技术的比较

系统参数	条码	OCR	生物识别	智能卡	RFID
典型的数据量（bytes）	1～100	1～100	—	16～64k	16～64k
数据密度	低	低	高	很高	很高
机器可读性	好	好	昂贵	好	好
人可读	有限	简单	简单	不可	不可
污渍和潮湿的影响	很高	很高	（根据具体技术）	可能（接触式）	不影响
遮盖的影响	完全失效	完全失效	（根据具体技术）	—	不影响
方向和位置的影响	低	低	—	双向	不影响
退化和磨损	有限	有限	—	有（接触）	不影响
购买成本	很低	中	很高	低	中
运行成本	低	低	无	中（接触式）	无

续 表

系统参数	条码	OCR	生物识别	智能卡	RFID
安全	轻微	轻微	可能	高	高
阅读速度	低	低	较低	较低	很快
阅读器和载体之间的最大距离	0~50 厘米	<1 厘米	0~50 厘米	直接接触	0~5 米

基于以上 RFID 技术的特性，WalMart、Metro、Tesco 和 Target 等一些零售商，Procter & Gamble 和 Kimberly Clark 等一些制造商，包括美国国防部都对 RFID 这种技术产生了浓厚的应用和研究兴趣。

RFID 标签、条码技术和人工录入三种录入方式的效率比较，如表 2-3 所示。

表 2-3　录入方式速率比较

数据录入方式	1 字	10 字	100 字	1000 字
手工录入	10 秒	100 秒	1000 秒	2 小时 47 分
条码技术	2 秒	20 秒	200 秒	33 分
RFID 标签	0.1 秒	1 秒	10 秒	1 分 40 秒

由于方便高效的特点，RFID 技术能够为世界上万事万物的相连提供最直接的个体识别能力，被看成是物联网最重要的关键技术之一。将该技术应用于现代的物流系统中，既可以提高物流企业仓储盘点、出入库、产品追踪的能力，又为客户提供更好的服务，还为实现自动化、智能化的物流系统奠定基础。

2.2.3　RFID 技术的分类

根据工作频率的不同，电子标签通常可分为低频（30kHz~300kHz）、中频（3MHz~30MHz）和高频系统（300MHz~3GHz）。RFID 系统的常见工作频率有低频 125kHz、134.2kHz，中频 13.56MHz，高频 860MHz~930MHz、2.45GHz、5.8GHz 等。低频系统特点是电子标签内保存的数据量较少，阅读距离较短，电子标签外形多样，阅读天线方向性不强等；主要用于短距离、低成本的应用，如普遍的门禁控制、校园卡、煤气表、水表等。中频系统则用于需传送大量数据的应用系统。高频系统的特点是电子标签及阅读器成本均较高，标签内保存的数据量较大，阅读距离较远（可达十几米），适应物体高速运动，性能好；阅读天线及电子标签天线均有较强的方向性，但其天线宽波束方向较窄且价格较高，主要用于需要较长的读写距离和高读写速度的场合，多在火车监控、高速公路收费等系统中。

根据电子标签的不同可分为可读写卡（RW）、一次写入多次读出卡（WORM）和只读卡（RO）。RW 卡一般比 WORM 卡和 RO 卡贵得多，如电话卡、信用卡等；WORM 卡是用户可以一次性写入的卡，写入后数据不能改变，比 RW 卡要便宜；RO 卡存有一个唯一的号码，不能逐改，保证了安全性。

根据电源方式可分为有源的和无源的电子标签。有源电子标签使用自带电流的能量实现长距离识别，最远可达十几米，但是它的寿命有限（3～10 年），且价格较高。无源电子标签不含电池，它接收到阅读器（读出装置）发出的微波信号后，利用阅读器发射的电磁波提供能量，一般可做到免维护，其重量轻、体积小、寿命长、价格便宜，但发射距离受限制，一般仅有几十厘米，且需要发射功率大的阅读器。

根据调制方式的不同还可分为主动式（Active tag）和被动式（Passive tag）电子标签。主动式的电子标签用自身的射频能量主动地给读写器发送数据，常用于有障碍物的场合，或者距离较远（可达 30 米）的场合；被动式的电子标签使用调制散射方式发射数据，它必须利用阅读器读写器的载波调制自己的信号，适宜在门禁或交通系统中使用。

2.2.4 RFID 的系统组成

RFID 系统由标签、天线、复用器、分支器、读写器、计算机等结构组成，图 2－4是一个相对较完整的 RFID 系统结构图。

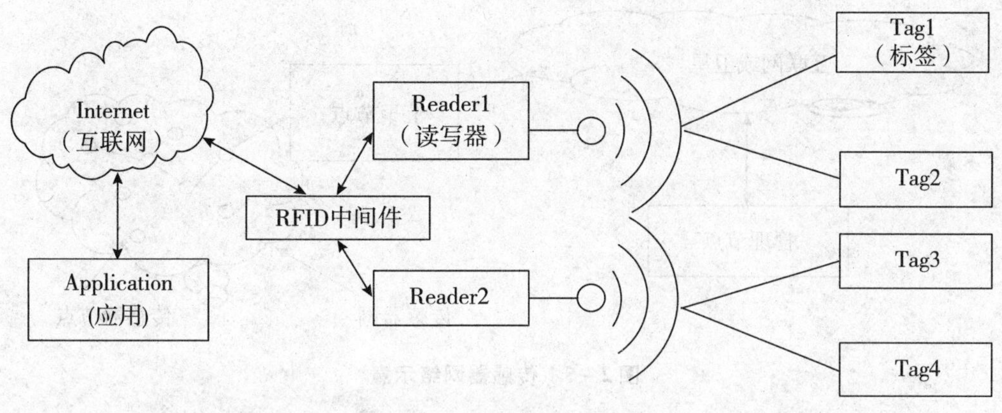

图 2-4 RFID 系统结构

2.3 传感器网络技术

2.3.1 传感器技术

传感器是一种环境感知终端设备。对传感器附近的环境信息如温湿度、光照信息、压力信息进行感知和数据表现，传感器网是包含互联的传感器节点的网络，利用有线或无线通信技术使节点间能够相互交换信息。传感器各个节点的组成主要包括传感器本身以及可进行联网和数据处理的组件设备；传感器是能够感知物体环境的物理和化学信息，并将信息以电子信号的方式传送给接收终端的电子设备。其本身所具有应用相关、以数据为中心、自组织结构、资源受限、动态性强等特征使其得到了广泛的应用。无线传感器作为新一代的传感通信方式，主要由分布在能够进行无线通信且功耗低、体积小的传感节点组成，这些节点能够对环境信息进行采集和处理，同时还具有自组织和无线通信的能力，由众多的传感器节点相互协作能够帮助企业或组织实现对大规模环境信息进行监测的任务。在整个无线传感器网络中，少数节点负责数据的汇集和处理，保持与网络系统进行通信。这些节点是负责将感知的信号传递给汇聚节点，但由于传感器不能对物体进行唯一的标识，因此，要想将其信息在物流信息系统中共享和应用，就需要与 RFID 等识别技术相结合，以此来发挥其更加重要的作用。传感器网络结构原理如图 2-5 所示。

图 2－5　传感器网络示意

将无线传感器节点布置在智能物流信息系统的各个环节的物理环境中，这些节点可以通过自组织的方式进行组网，从而感知、采集和处理所在附近区域中的环境信息，实现对所在环境状态的实时监测和管理。无线传感器的自组织形式是以多跳中继方式组成网络并将数据发送到接收和发送节点，由发送和接受节点与计算机网络系统相连，供智能物流信息系统的上层应用。这些分布在不同区域的传感器节点群、数据接收和发送节点、Internet 构成了传感器网络。

物流信息系统中的传感网分布在商品加工、运输、仓储和配送的各个环节与 RFID 技术相结合，检测和感知商品状态，提高物流系统的效率，降低商品运输中的损坏率，为突发事件提供更加可预测的数据基础，让关心商品的客户或企业可以时刻与商品进行“交流和沟通”。感知网络的应用是实现智能化和可视化物流最为重要的基础信息来源之一。

2.3.2　传感器网络接入技术

系统功能的实现涉及近程通信技术和远程运输技术。近程通信技术主要是指 RFID、蓝牙技术等。远程运输技术包括互联网的组网、网关等技术。作为为物流系统提供信息传递和服务支撑的基础通道，通过增强现有网络通信技术的专业性与互联功能，以适应系统低移动性、低数据率的业务需求，实现信息安全且可靠的传送，传感网络接入技术是当前基于物联网应用研究的一个重点。

传感器网络通信技术包括广域网络通信和近距离通信两个方面，广域网络通信主要包括 IP 互联网、2G/3G 移动通信、卫星通信等技术，而以 iPv6 为核心的新联网的发展，更为物联网提供了高效的传送通道。在近距离通信方面，当前的主流则是以 IEEE 802.15.4 为代表的近距离通信技术。M2M 技术也是实现数据传输的关键。M2M 可以实现技术结合的远距离连接技术有 GSM、GPRS、UMTS 等，WIFI、蓝牙、ZigBee、RFID 和 UWB 等近距离连接技术也可以与之相结合，此外 XML、Corba 和基于 GPS、无线终端和网络的位置服务等技术。M2M 可用于安全监测、自动售货机、货物跟踪等领域。

2.3.3 ZigBee 技术

在传感器网技术中，ZigBee 技术是当今广泛应用的一种全新技术，它基于 IEEE 802.15.4 标准的低功耗个域网协议。根据这个协议规定的技术是一种短距离、低功耗的无线通信技术。这一名称来源于蜜蜂的八字舞，由于蜜蜂（Bee）是靠飞翔和“嗡嗡”（Zig）地抖动翅膀的“舞蹈”来与同伴传递花粉所在方位信息，也就是说蜜蜂依靠这样的方式构成了群体中的通信网络。其特点是近距离、低复杂度、自组织、低功耗、低数据速率、低成本，主要适合用于自动控制和远程控制领域，可以嵌入各种设备。简而言之，ZigBee 就是一种便宜的，低功耗的、近距离无线组网通信技术。

ZigBee 协定层从下到上分别为实体层（PHY）、媒体存取层（MAC）、网络层（NWK）、应用层（APL）等。网络装置的角色可分为 ZigBee Coordinator、ZigBee Router、ZigBee EndDevice 三种。

2.4 地理信息系统（GIS）技术

2.4.1 GIS 的概念

地理学的发展与人类生产活动中的技术进步有密切关系。计算机技术、空间技术和自动化技术等现代高新技术的应用，为信息时代地理学的发展开拓了更加广阔的前景。信息时代的地理学，对地理信息的采集、管理、分析提出了更高的要求，于是地理信息系统应运而生，从而使地理学向精密科学迈进。地理信息系统、遥感

（RS）技术和全球定位系统（GPS）三者有机结合（称为3S技术），使地理信息系统应用的深度和广度达到一个新水平，构成地理学日臻完善的技术体系。

地理信息系统（Geographic Information System，GIS），是一种特定的十分重要的空间信息系统，它是在计算机硬、软件系统支持下，对整个或部分地球表层（包括大气层）空间中的有关地理分布数据进行采集、储存、管理、运算、分析、显示和描述的技术系统。

GIS是以地图为基础，管理和分析空间数据的技术，能及时提供有关国土整治、区域规划、可持续发展等宏观的辅助决策信息，作为生产、管理和决策的依据。

GIS是在计算机软硬件支持下，对地理环境诸要素进行采集、存储、管理、分析、显示与应用地理信息的计算机系统。简单地说，地理信息系统就是综合处理和分析地理空间数据的一种技术系统，也称为土地资源信息系统，在我国有时也称为资源与环境信息系统。

2.4.2 GIS的特点

1. GIS的物理外壳是计算机化的技术系统

该系统由若干相互关联的子系统构成，如数据采集子系统、数据管理子系统、数据处理和分析子系统、可视化表达与输出子系统等。这些子系统的构成直接影响着GIS的硬件平台、系统功能和效率、数据处理的方式和产品输出的类型。

2. GIS的操作对象是空间数据

所谓地理实体指的是在人们生存的地球表面附近的地理图层（大气图、水图、岩石图、生物图）中可相互区分的事物和现象，即地理空间中的事物和现象。在GIS中，所操作的只能是实体的数据，它们都有描述其质量、数量、时间特征的属性数据，也有其非属性的数据——空间数据。

空间数据即由点、线、面这三类基本要素组成的地理实体。地理实体数据的最根本特点是每一个数据都按统一的地理坐标进行编码，实现对其定位、定性、定量和拓扑关系的描述，即空间特征数据和属性特征数据统称为地理数据。

3. GIS 具有数据综合、模拟与分析评价能力

GIS 的技术优势在于数据综合、模拟与分析评价能力，可以得到常规方法难以得到的重要信息。总体来说，GIS 具有独特的地理空间分析能力、快速的空间定位搜索和复杂的查询功能、强大的图形创造和可视化表达手段，以及地理过程的演化模拟和空间决策支持功能等。其中，通过地理空间分析可以产生常规方法难以获得的重要信息，实现在系统支持下的地理过程动态模拟和决策支持，这既是 GIS 的研究核心，也是 GIS 的重要贡献。

2.4.3 GIS 的分类

1. 按内容分类

GIS 按内容可分为应用型地理信息系统和地理信息系统工具两大类。

应用型地理信息系统具有具体应用目标、特定的数据、特定的规模和特定的服务对象。通常，应用型地理信息系统是在地理信息系统工具的支持下建立起来的，这样可以节省大量的软件开发费用，缩短系统的建立周期，提高系统的技术水平，使开发人员能把精力集中于应用模型的开发，并且有利于标准化的实行。

应用型地理信息系统又可以分为专题地理信息系统和区域地理信息系统。

（1）专题地理信息系统：是以某一专业、任务或现象为主要内容的 GIS，为特定的专门目的服务，如森林动态监测信息系统、农作物估产信息系统、水土流失信息系统和土地管理信息系统等。

（2）区域地理信息系统：主要以区域综合研究和全面信息服务为目标。区域可以是行政区，如国家级、省级、市级和县级等区域信息系统；也可以是自然区域，如黄土高原区、黄淮海平原区和黄河流域等区域信息系统；还可以是经济区域，如京津唐区和沪宁杭区等区域信息系统。

地理信息系统工具是一组包括 GIS 基本功能的软件包。一般包括图形图像数字化、存储管理、查询检索、分析运算和多种输出等地理信息系统的基本功能，但是没有具体的应用目标，只是供其他系统调用或用户进行二次开发的操作平台。因为，在应用地理信息系统解决实际问题时，有大量软件开发任务，有了工具型 GIS，只

要在工具型 GIS 中加入地理空间数据，加上专题模型和界面，就可以开发成为一个应用型的 GIS 了。

信息系统的分类如图 2－6 所示。

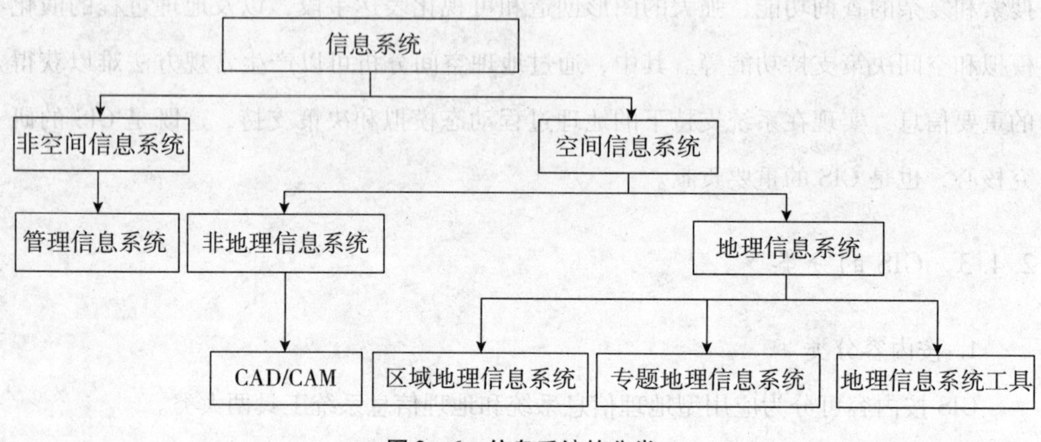

图 2－6　信息系统的分类

2. 按用途分类

GIS 按用途的不同可分为多种地理信息系统，如自然资源查询信息系统、规划与评价信息系统和土地管理信息系统。

3. 其他分类

GIS 按存储数据的范围大小，可划分为全球的 GIS、区域的 GIS 和局部的 GIS 三种。

按表达空间维数，分为 2 维 GIS 和 3 维 GIS。通常 GIS 研究地球表层的若干要素的分布，属 2 ~ 2.5 维 GIS，布满整个三维空间建立的 GIS，才是真正的 3 维 GIS。一般也将数字位置模型（2 维）和数字高程模型（1 维）的结合称为 2 +1 维或 2.5 维 GIS。

按是否直接存储时间尺度，分为静态 GIS 和动态 GIS。如果考虑时间维度，也称为时态 GIS 或动态 GIS，否则为静态 GIS。

2.4.4　GIS 的组成

地理信息系统主要由四部分组成，即计算机硬件系统、计算机软件系统、地理数据和用户。GIS 的组成如图 2－7 所示。

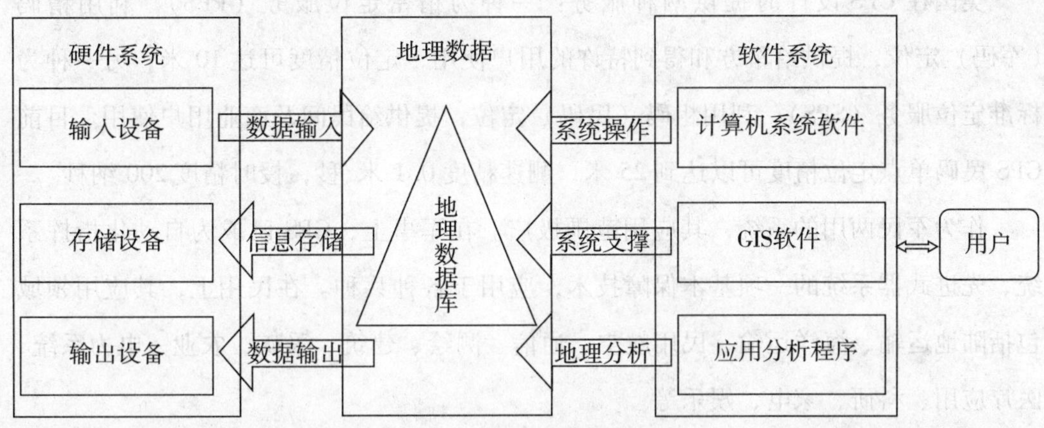

图 2－7　GIS 的组成示意

2.5　全球定位系统（GPS）技术

2.5.1　GPS 的概念

在全球卫星定位系统（Global Position System，GPS）出现之前，远程导航与定位主要使用的是无线导航系统和卫星定位系统。其中，无线导航系统应用较为广泛，该系统主要有三种：①罗兰－C：工作在 100kHz，由三个地面导航台组成，导航工作区域 2000 千米，一般精度 200～300 米。②Omega（奥米茄）：工作在十几千赫。由八个地面导航台组成，可覆盖全球，精度几英里。③多普勒系统：该系统利用多普勒频移原理，通过测量其频移得到运动物参数（地速和偏流角），推算出飞行器位置，属自备式航位推算系统，误差随航程增加而累加。但无线导航系统存在着一定的缺点，如覆盖的工作区域小，电波传播受大气影响，定位精度不高等。卫星定位系统指的是美国的子午仪系统（Transit），该系统于 1958 年研制，1964 年正式投入使用。由于该系统卫星数目较小（5～6 颗），运行高度较低，从地面站观测到卫星的时间间隔较长（平均 1.5h），因而它无法提供连续的实时三维导航，而且精度较低。

通过以上分析，GPS 可定义为：利用空间卫星星座（通信卫星）、地面控制部分及信号接收机对地面目标的状况进行精确测定并提供全方位导航和定位的系统。

美国在GPS设计时提供两种服务：一种为精密定位服务（PPS），利用精码（军码）定位，提供给军方和得到特许的用户使用，定位精度可达10米；另一种为标准定位服务（SPS），利用粗码（民码）定位，提供给民间及商业用户使用。目前GPS民码单点定位精度可以达到25米，测速精度0.1米/秒，授时精度200纳秒。

作为军民两用的系统，其应用范围极广。在军事上，GPS已成为自动化指挥系统、先进武器系统的一项基本保障技术，应用于各种兵种。在民用上，其应用领域包括陆地运输、海洋运输、民用航空、通信、测绘、建筑、采矿、农业、电力系统、医疗应用、科研、家电、娱乐等。

2.5.2 GPS的定位功能

具体说来，GPS主要有以下几个方面的功能。

1. 自动导航

GPS的主要功能就是自主导航，可用于武器导航、车辆导航、船舶导航、飞机导航、星际导航、个人导航。GPS利用接收终端向用户提供位置、时间信息，也可结合电子地图进行移动平台航迹显示、行驶线路规划和行驶时间估算。对军事而言，GPS可提高部队的机动作战和快速反应能力，在民用上也可以提高民用运输工具的运载效率，节约社会成本。

2. 指挥监控

GPS的导航定位和数字短报文通信基本功能可以有机结合，利用系统特殊的定位机制，将移动目标的位置信息和其他相关信息传送至指挥所，完成移动目标的动态可视化和指挥指令的发送，实现移动目标的指挥监控。

3. 跟踪车辆、船舶

为了随时掌握车辆和船舶的动态，需根据地面计算机终端实时显示车辆、船舶的实际位置，了解货运情况，实施有效的监控和快速运转。

4. 信息传递和查询

利用GPS，管理中心可对车辆、船舶提供相关的气象、交通、指挥等信息，还

可将行进中车辆、船舶的动态信息传递给管理中心，实现信息的双向交流。

5. 及时报警

通过使用GPS，及时掌握运输装备的异常情况，接受求救信息和报警信息，并迅速传递到地面管理中心，从而实行紧急救援。

2.5.3 GPS的特点

1. 定位精度高

应用实践已经证明，GPS相对定位精度在50千米以内可达10^{-6}，100～500千米可达10^{-7}，1000千米可达10^{-9}。在300～1500米工程精密定位中，1小时以上观测的平面位置误差小于1毫米，与ME-5000电磁波测距仪测定得边长比较，其边长较差最大为0.5毫米，较差中误差为0.3毫米。

2. 定位快速、高效

随着GPS系统软件的不断更新，实时定位所需时间越来越短。目前，20千米以内相对静态定位，仅需15～20分钟；快速静态相对定位测量时，当每个流动站与基准站相距在15千米以内时，流动站观测时间只需1～2分钟，然后可随时定位，每站观测只需几秒钟。目前GPS接收机的一次定位和测速工作在1秒甚至更短的时间内便可完成。

3. 功能多样、应用广泛

GPS系统不仅具有定位导航的功能，还具有跟踪、监控、测绘等功能。作为军民两用的系统，尤其是在民用领域应用广泛。GPS系统还可用于测速、测时，测速的精度可达0.1米/秒，测时的精度可达几十毫微秒。

4. 可测算三维坐标

通常所用的大地测量方式是将平面与高程采用不同方法分别施测。而GPS可同时精确测定测站点的三维坐标。目前GPS可满足四等水准测量的精度。

5. 操作简单

随着GPS接收机不断改进，自动化程度越来越高，简化了操作步骤，使用起来更方便；接收机的体积越来越小，重量越来越轻，在很大程度上减轻了使用者劳动强度和工作压力，使工作变得更加轻松。

6. 全天候，不受天气影响

由于 GPS 卫星数目较多且分布合理，所以在地球上任何地点均可连续同时观测到至少 4 颗卫星，从而保障了全球、全天候连续实时导航与定位的需要。目前 GPS 观测可在一天 24h 内的任何时间进行，不受阴天黑夜、起雾刮风、下雨下雪等不良气候的影响。GPS 还广泛应用在天文台、通信系统基站、电视台的精确定时，道路、桥梁、隧道的施工中大量采用 GPS 设备进行工程测量，野外勘探及城区规划中的勘探测绘等。

GPS 的定位原理实际上就是测量学的空间测距定位。其特点就是利用平均 20200 千米高空均匀分布在 6 个轨道上的 24 颗卫星，发射测距信号 C/A 码及 L1、L2 载波，用户通过接收机接受这些信号测量卫星至接收机之间的距离。由于卫星的瞬时坐标是已知的，利用三维坐标中的距离公式、3 颗卫星，就可以组成 3 个方程式，解出观测点的位置（X，Y，Z）。考虑到卫星的时钟与接收机时钟之间的误差，实际上有 4 个未知数，X、Y、Z 和钟差，因而需要引入第 4 颗卫星，形成 4 个方程式进行求解，从而得到观测点的经纬度和高程（一般地形条件下可见 4 ~ 12 颗卫星）。

待测点坐标计算公式：

$$[(x_1-x)^2+(y_1-y)^2+(z_1-z)^2]^{1/2}+c(x_{t_1}-v_{t_0})^2=d_1$$

$$[(x_2-x)^2+(y_2-y)^2+(z_2-z)^2]^{1/2}+c(x_{t_2}-v_{t_0})^2=d_2$$

$$[(x_3-x)^2+(y_3-y)^2+(z_3-z)^2]^{1/2}+c(x_{t_3}-v_{t_0})^2=d_3$$

$$[(x_4-x)^2+(y_4-y)^2+(z_4-z)^2]^{1/2}+c(x_{t_4}-v_{t_0})^2=d_4$$

上述 4 个方程式中待测点坐标 x、y、z 和 V_{t0} 为未知参数，x、y、z 为待测点坐标的空间直角坐标。x_i、y_i、z_i（$i=1$，2，3，4）分别为卫星 1、卫星 2、卫星 3、卫星 4 在 t 时刻的空间直角坐标，可由卫星导航电文求得，V_{t0} 为接收机的钟差。其中 $d_i=Vt_i$（$i=1$，2，3，4）。d_i（$i=1$，2，3，4）分别为卫星 1、卫星 2、卫星 3、卫星 4 到接收机之间的距离。Vt_i（$i=1$，2，3，4）分别为卫星 1、卫星 2、卫星 3、卫星 4 的信号到达接收机所经历的时间（卫星钟的钟差），c 为 GPS 信号的传播速度（即光速），最后求解方程，得（x，y，z，Vt_0）。GPS 定位分伪距测量和载波相位测量两种。

2.5.4 GPS 的组成

GPS 系统由三大部分构成：空间部分——GPS 卫星星座；地面控制部分——地面监控系统；用户设备部分——GPS 信号接收机。其中，空间部分由卫星星座构成，地面控制部分由地面卫星控制中心进行管理；用户部分则由军用和民用研发厂商开发、销售、服务。空间部分和控制部分目前均由美国国防部掌握。GPS 典型应用系统如图 2－8 所示，GPS 典型结构如图 2－9 所示。

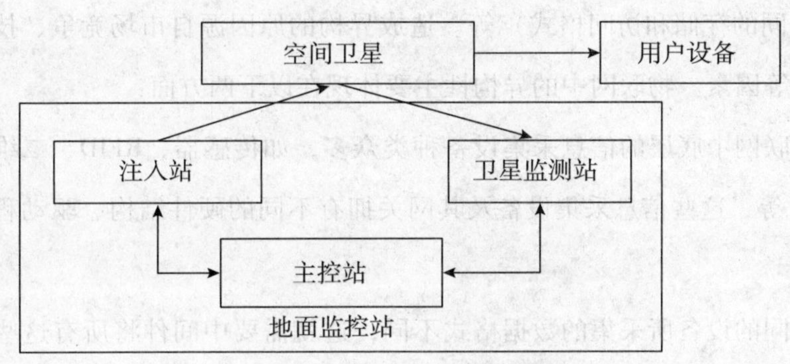

图 2－8 GPS 典型应用系统示意

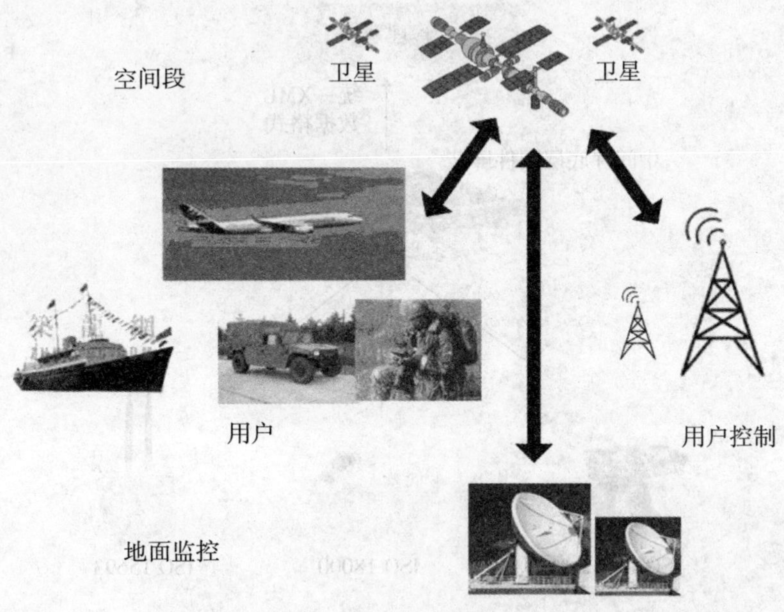

图 2－9 GPS 典型结构示意

2.6 其他相关技术

2.6.1 中间件技术

中间件是物联网应用中的关键软件部件，是衔接相关硬件设备和业务应用的桥梁，主要功能是屏蔽异构性、实现互操作和信息的预处理等。

（1）屏蔽异构性表现在计算机的软件与硬件之间的异构性，包括硬件（CPU 和指令集、硬件结构、驱动程序等）、操作系统（不同操作系统的 API 和开发环境）、数据库（不同的存储和访问格式）等。造成异构的原因源自市场竞争、技术升级以及保护投资等因素。物联网中的异构性主要体现在以下两方面：

一是物联网中底层的信息采集设备种类众多，如传感器、RFID、二维码、摄像头以及 GPS 等，这些信息采集设备及其网关拥有不同的硬件结构、驱动程序、操作系统等。

二是不同的设备所采集的数据格式不同，这就需要中间件将所有这些数据进行格式转化，以便应用系统可直接处理这些数据。中间件结构如图 2－10 所示。

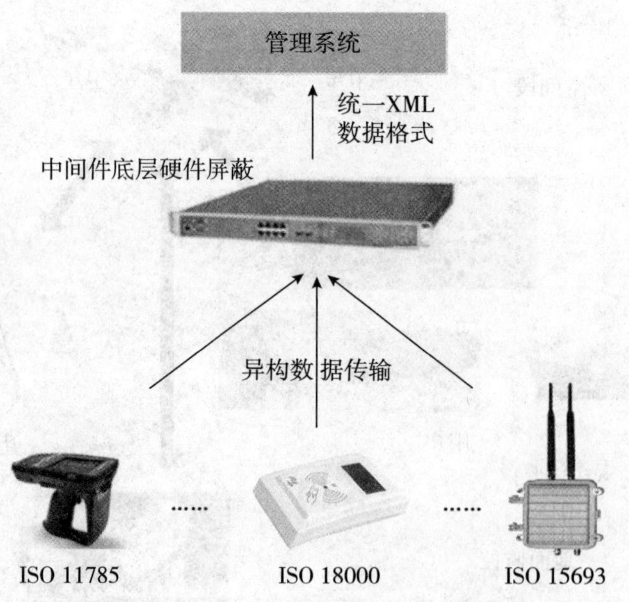

图 2－10　中间件底层硬件屏蔽功能示意

（2）实现互操作。在物联网中，同一个信息采集设备所采集的信息可能要供给多个应用系统，不同的应用系统之间的数据也需要相互共享和互通。但是因为异构性，不同应用系统所产生的数据结果依赖于计算环境，使得各种不同软件之间在不同平台之间不能移植，或者移植非常困难。而且，因为网络协议和通信机制的不同，这些系统之间还不能有效地相互集成。因此，通过中间件可建立一个通用平台，实现各应用系统、应用平台之间的互操作。

（3）数据的预处理。物联网的感知层采集海量的信息，如果把这些信息直接传输给应用系统，那应用系统将不堪重负，甚至面临崩溃的危险。并且应用系统需要的并不是这些原始数据，而是对其有意义的综合性信息。这就需要中间件平台将这些海量信息进行过滤，融合成有意义的事件再传给应用系统。数据过滤功能示意如图 2－11 所示。

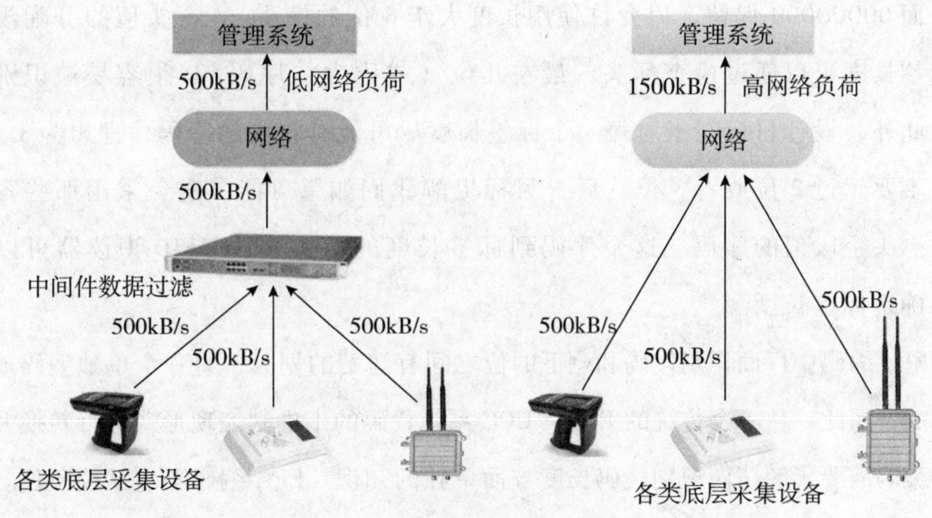

图 2－11　中间件数据过滤功能示意

2.6.2　产品电子代码（EPC）技术

产品电子代码（EPC）是一种标识方案，通过 RFID 标签和其他方式普遍地识别物理对象。标准化 EPC 数据包括独特地标识个别对象的 EPC（或 EPC 识别符）以及为能有效地解读 EPC 标签认为有必要的可选过滤值。

EPC 编码的通用结构由一个分层次、可变长度的标头以及一系列数字字段组成，代码的总长、结构和功能完全由标头的值决定，EPC 结构示意图如图 2－12 所示。

图 2－12　EPC 结构示意

标头定义了总长，识别类型（功能）和 EPC 编码结构，包括它的滤值（如果有的话）。标头具有可变长度，使用分层的方法，其中每一层 0 值指示标头是从下一层抽出的。对规范（V1.1）中制定的编码来说，标头是 2 位或者 8 位。假定 0 值保留来指示一个标头在下面较长层中，2 位的标头有 3 个可能的值（01，10 和 11，不是 00），8 位标头可能有 63 个可能的值（标头前两位必须是 00，而 00000000 保留，以允许使用长度大于 8 位的标头）。标头值的分配规则使标签长度可以通过检查标头的最左几位（或称为"序码"）很容易被识别出来。此外，设计目标在于对每一个标签长度尽可能有较少的序码，理想为 1 位，最好不要超过 2 位或者 3 位。后一目标提醒我们如果可能，避免采用那些容许非常少头字段值的序码。这个序码到标签长度的目的是让 RFID 识读器可以很容易确定标签长度。

EPC 编码中厂商识别代码和剩下的位之间有清楚的划分，每一个单独编码成二进制的。因此，从一个传统的 EAN · UCC 系统代码的十进制表现形式进行转换并对 EPC 编码需要了解厂商识别代码长度方面单独的知识。EPC 编码不包括校验位。因此，从 EPC 编码到传统的十进制表示的代码的转换需要根据其他的位重新计算校验位。

下面以 EPC 编码中的序列化全球贸易标识代码（SGTIN）为例进行说明。

1. 序列化全球贸易标示代码（SGTIN）

SGTIN 是一种新的标识类型，它基于在国际物品编码协会 EAN · UCC，通用规范中的全球贸易项目代码（GTIN）。一个单独的 GTIN 不符合 EPC 纯标识中的定义，因为它不能唯一标识一个具体的物理对象。GTIN 标识一个特定的对象类，比如一特定产品类或库存量单位（SKU）。

为了给单个对象创建一个唯一的标志符，GTIN 增加了一个序列号，管理实体负责分配唯一的序列号给单个对象分类。GTIN 和唯一序列号的结合，称为一个序列化 GTIN（SGTIN）。SGTIN 由以下信息元素组成：

（1）厂商识别代码，由 EAN 或 UCC 分配给管理实体。厂商识别代码在一个 EAN · UCC GTIN 十进制编码内同厂商识别代码位相同。

（2）项目代码，由管理实体分配给一个特定对象分类。EPC 编码中的项目代码是从 GTIN 中获得，通过连接 GTIN 的指示位和项目代码位，看作一个单一整数而得到。

（3）序列号，由管理实体分配给一个单个对象。序列号不是 GTIN 的一部分，但是正式成为 SGTIN 的组成部分，序列化全球贸易标示代码转化示意图如图 2－13 所示。

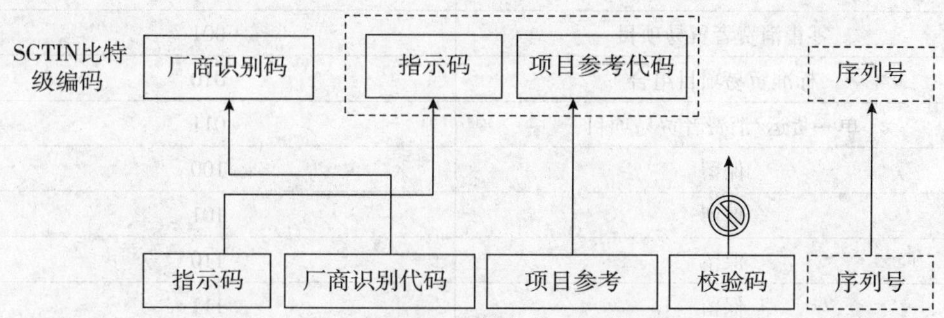

图 2－13　序列化全球贸易标示代码转化示意

SGTIN 的 EPC 编码方案允许 EAN · UCC 系统标准 GTIN 和序列号直接嵌入 EPC 标签。所有情况下，校验位不进行编码。

2. SGTIN－96

除了标头之外，SGTIN－96 由 5 个字段组成：滤值、分区、厂商识别代码、贸易项代码和序列号，如表 2－4 所示、SGTIN 滤值转化如表 2－5 所示。

分区指示随后的厂商识别代码和贸易项代码的分开位置。这个结构与 EAN · UCC GTIN 中的结构相匹配，在 EAN · UCC GTIN 中，贸易项代码加上厂商识别代码（加唯一的指示位）共 13 位。厂商识别代码在 6～12 位，贸易项代码（包括单一指示位）在 1 ~7 位。分区的可用值以及厂商识别代码和贸易项代码字段的相关大小在表 2 –6 中定义。

表 2 –4　　SGTIN –96 的结构、标头和最大十进制值

	标头	滤值	分区	厂商识别代码	贸易项代码	系列号
	8 位	3 位	3 位	20 ~40 位	4 ~24 位	38 位
SGTIN –96	00110000（二进制值）	（值参照表 2 –5）	8（十进制）	999 999 ~999 999 999 999（最大十进制范围）	9 999 999 ~9（最大十进制范围）	274 877 906 943（最大十进制值）

表 2 –5　　SGTIN 滤值转化（非规范）

类型	二进制值
所有其他	000
零售消费者贸易项目	001
标准贸易项目组合	010
单一货运/消费者贸易项目	011
保留	100
保留	101
保留	110
保留	111

厂商识别代码包含 EAN · UCC 厂商识别代码的一个逐位编码。

贸易项代码包含 GTIN 贸易项代码的一个逐位编码。指示位同贸易项代码字段用以下方式结合：贸易项代码中以零开头是非常重要的。把指示位放在域中最左位置。例如，00235 同 235 是不同的。如果指示位为 1，结合 00235，结果为 100235。结果组合看作一个整数，编码成二进制作为贸易项代码字段。

序列号包含一个连续的数字。这个连续的数字的容量小于 EAN · UCC 系统规范序列号的最大值，而且在这个连续的数字中只包含数字，SGTIN –96 分区如表 2 –6 所示。

表 2-6 SGTIN-96 分区示意表

分区值	厂商识别代码		项目参考代码和指示位数字	
	二进制	十进制	二进制	十进制
0	40	12	4	1
1	37	11	7	2
2	34	10	10	3
3	30	9	14	4
4	27	8	17	5
5	24	7	20	6
6	20	6	24	7

2.6.3 EPC 编码与 GTIN 编码的相互转换

制定一个新的编码体系，应当以现实应用为基础，并且考虑到与原有编码体系的兼容性和衔接性，现行的 GTIN 编码体系在世界各国已经普遍应用，而且在产品识别与物流领域起到了重要作用，有鉴于此，新一代的 EPC 编码体系将在技术突破与结构创新的同时，将 GTIN 的编码结构有选择性的整合进来，使对 GTIN 编码的应用逐渐过渡到对 EPC 编码的应用，而不是将 EPC 编码立即完全取代 GTIN 编码，以实现技术上的兼容性与使用上的连续性。因此，这两种编码体系之间的相互转换将影响到 RFID 技术的普及应用，下面将对上述问题进行详述。

GTIN 是全球贸易项目编码（Global Trade Item Number）的英文简写。GTIN 是 EAN/UCC 组织对贸易项目（包括产品与服务），在买卖，运输，仓储、零售与贸易运输结算过程中提供的唯一标识。它用一种全数字的标识系统为产品和信息的流通提供了一种准确、有效、经济的管理方式。

GTIN 是 EAN/UCC 专门用来标识贸易单元的，它囊括了产品与服务等。GTIN 具有在全球流通范围内提供唯一标识的能力，使用最普遍的就是 UPC 和 EAN-13。

GTIN 用在一般性商品和产品包装上，是电子商务及数据传输的重要组成部分。使用者可以确信它能够提供对其产品从全球供应链直到终端用户全过程的唯一标识。GTIN 是 EAN/UCC 用来对世界范围内的贸易项目进行唯一标识的编码体系。GTIN

有四种不同的结构，即 UCC－12，EAN/UCC－13，EAN/UCC－14，EAN/UCC－8。

GTIN 码一般由扩展位、国家代码、厂商代码、产品代码、校验位等几部分组成；而 EPC 码主要由标头、滤值、分区值、国家代码、厂商代码、产品代码及序列号等部分组成。各个代码之间只是组织形式的不同。因此他们之间的相互转换就是将源码地各部分代码分离开，在按照目标码的规则变换、组合得到。

本书以全球贸易项目代码（GTIN）与系列化全球贸易标示代码（SGTIN，96 位长度）的转换为例进行说明。

GTIN 到 SGTIN 的转换主要分为分类、分段转换、组合几个步骤。现以 EAN13 码“6901010101098”转换为 96 位 EPC 码为例。

步骤 1：分类。首先确定“6901010101098”是一个 EAN13 码，因此其转换的 EPC 目标码为 SGTIN－96，同时可以确定 SGTIN 的标头为“00110000”。

步骤 2：根据 EAN13 码的编码规则，将扩展位、国家代码、厂商代码、产品代码、校验位等几部分分离。其中 EAN 码中的国家代码和厂商代码合起来就是SGTIN－96 中的厂商识别码。而 SGTIN－96 中的序列号在 EAN 中没有体现，因此要根据拣选中心作业需要进行编码生成。以“6901010101098”为例可知，“690”为国家代码（中国），厂商代码为“1010”，因此转换为对应的 SGTIN－96 的厂商识别码就是“6901010”。而 EPC 中选择厂商识别码为 24 位。因此分区值为 5，二进制为“101”，厂商识别码为“0110 1001 0100 1101 0001 0010”。而 SGTIN－96 中的滤值假定为“011”（包装箱）。而贸易项目代码由“6901010101098”中的“10109”，即 SGTIN 中的贸易项目代码二进制为“0000 0010 0111 0111 1101”（20 位）。最后给出 SGTIN 中的序列号“123456789”，转换为二进制为“00 0000 0000 0111 0101 1011 1100 1101 0001 0101”（38 位）。

步骤 3：组合。经过转换的二进制进行组合就是 SGTIN 的 96 位编码了，因此“69010101098”加上序列号“123456789”转换为 SGTIN 的二进制编码为“0011 0000 0111 0101 1010 0101 0011 0100 0100 1000 0000 1001 1101 1111 0100 0000 0000 0111 0101 1011 1100 1101 0001 0101”（96 位）。转换为 16 进制数值为“3075A5344 809DF40075BCD13”。

其他 EAN·UCC 编码与 EPC 编码的转换与此类似。

3 智能物流系统实训平台概述

智能物流系统实训平台是利用RFID技术、EPC技术、ZigBee技术、3G技术及系统集成技术等，搭建的实验室及移动电子商务实训平台。实训平台能够完成物联网技术在移动商务、物流管理系统中的应用与演示工作，也是一个基础性的研究平台。

智能物流系统实训平台主要包括智能生产系统实训平台、智能仓储与配送系统实训平台、基于WebGIS的GPS智能监控系统实训平台、智能超市后台管理系统实训平台、智能超市前台管理系统实训平台、智能购物车管理实训平台。正是这些实训平台在完善的物流信息系统和先进的物流设施设备的基础上，完美模拟了产品从生产到最终销售的整个供应链环节，环环相扣，让学生对理论知识的理解有了质的飞越。

3.1 智能生产系统实训平台介绍

该实训平台，可以模拟整个生产过程。生产企业根据配送中心的补货信息制订生产计划进行生产加工活动，生产流程包括贴标、加工两个环节。平台界面如图3－1所示。

3.2 智能仓储与配送系统实训平台介绍

仓储与配送环节是整个物流的重要环节，当前许多仓储配送系统已经使用

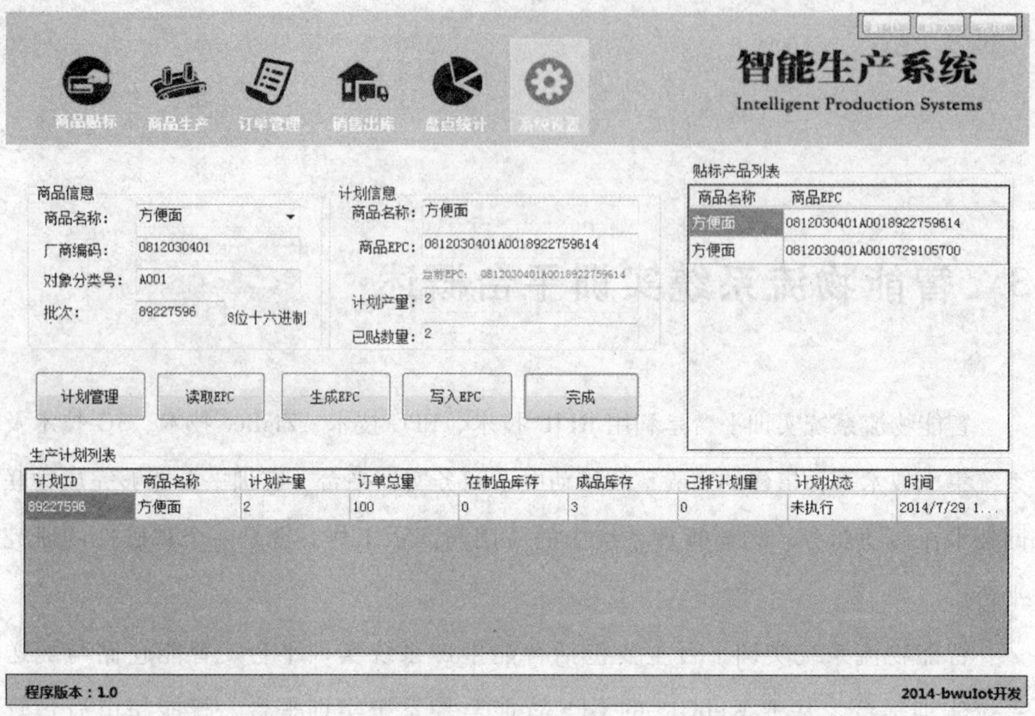

图 3-1 智能生产系统实训平台界面

了视频监控技术、RFID 技术、条码技术等物联网技术。该实训平台主要模拟商品的入库、盘点统计、出库、装箱、配送运输等物流环节。仓储与配送环节根据库存情况向上游生产企业订货，并对到货进行基于 RFID 技术的自动入库。入库完成后，系统利用 RFID 技术实现货物的自动盘点，完成库存的统计。同时，系统需处理来自下游超市的订单，根据订单生成出库单进行出库，出库后的产品进行待装箱状态。在进行运输前，需对出库的产品进行装箱（多件产品的 EPC 与包装箱 EPC 进行绑定），并同时与订单绑定。完成装箱的产品需选择运输车辆，并以订单为单位进行绑定。智能仓储与配送系统实训平台界面如图 3-2所示。

3.3 基于 WebGIS 的 GPS 智能监控系统实训平台介绍

基于 WebGIS 的 GPS 智能监控系统（简称 WebGIS 系统）是智能物流系统中实

图3-2　智能仓储与配送系统实训平台界面

现配送环节透明化、进行全程监控的关键系统。该实训平台在使用Web技术的基础上，实现通过浏览器进行地图浏览、监控车辆运行、路径回放等功能。其中，车载GPS监控系统由车载终端、传输网络和监控中心组成三层联网式综合监管系统，通过额外接口，可扩展提供车辆防盗、反劫、行驶路线监控、车内车外视频图像实时无线传输、事故快速响应、呼叫指挥等功能，以解决现有车辆的动态管理问题。

基于WebGIS的GPS智能监控系统的功能，如图3-3所示。

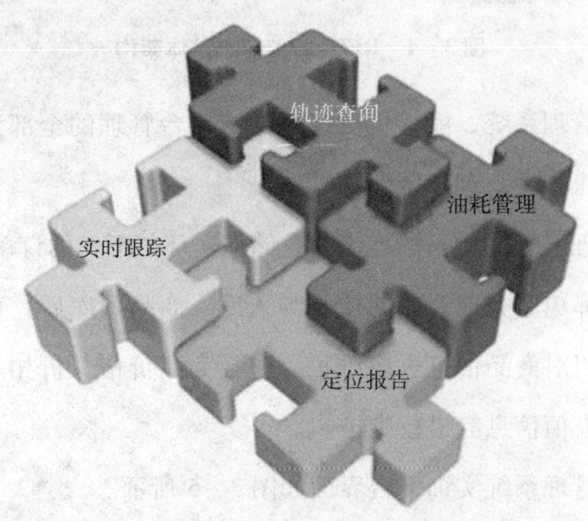

图3-3　WebGIS系统功能

3.4 智能超市后台管理系统实训平台介绍

智能超市整体架构如图 3－4 所示。

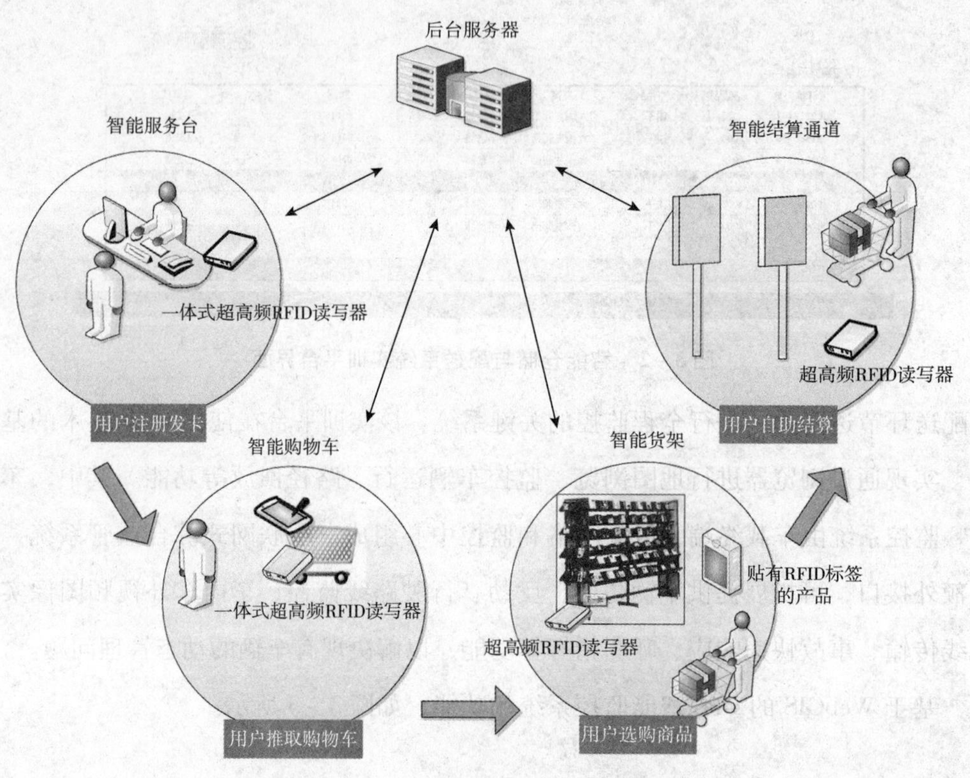

图 3－4 RFID 智能超市整体架构

智能超市后台管理系统，能够模拟智能超市后台管理的全部流程，包括商品管理、订单管理、销售管理、盘点统计等操作。

在超市后台管理系统中，根据超市向仓储配送环节下发的订单信息生成到货单，并由到货单生成入库单，完成商品的接收与入库，商品入库后，可以进行盘点统计等操作。此外，可以对商品信息进行维护，包括商品价格、折扣等，也可以对会员用户的个人信息、充值信息等进行维护。

智能超市后台管理系统实训平台界面如图 3－5 所示。

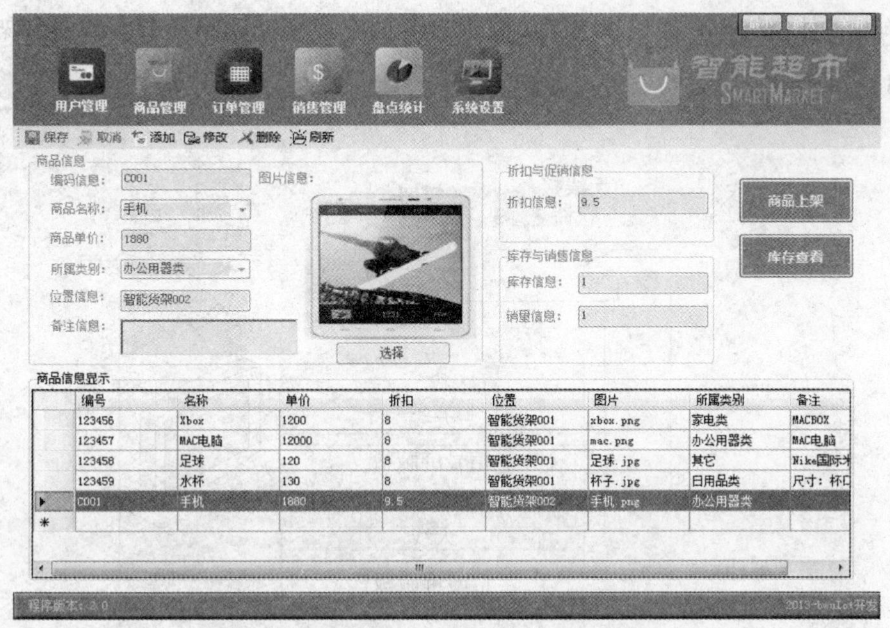

图 3-5 智能超市后台管理系统实训平台界面

3.5 智能超市前台管理系统实训平台介绍

该实训平台能够模拟智能超市前台购物全部流程，包括用户注册发卡、用户智能选取商品、用户自助结算、货架自动监控商品、自动提示补货等功能。在智能超市前台管理系统中的每件商品都贴有 RFID 标签，标签内存储的信息包括商品的编码、价格等。当标签进入读写器的识别范围内，标签马上就能被激活，商品所有的信息都能被读写器获取，然后显示给顾客和工作人员。读写器内部采用防碰撞算法，能同时识别多个标签，并且无遗漏。超市中的货架都是装有 RFID 读写器的智能货架，能够智能感知货物，可以实时监控货物的种类、数量与货物的变化情况，并实时与服务器交互数据。

在智能超市前台管理系统中超市前台智能货架能够完成货架上商品实时监控。记录商品放置时间、离开时间、每层货架商品放置状态。自动将补货信息通过网络传送到仓库管理服务器；智能货架设备能够感知环境状态，并进行异常报警。智能货架（超市）带有触摸屏设备，购物者可通过触摸屏设备查看商品信息，并进行语音导购。智能货架与智能拣货小车、收银台共同完成智能购物环节。智能货架结构如图 3－6 所示。

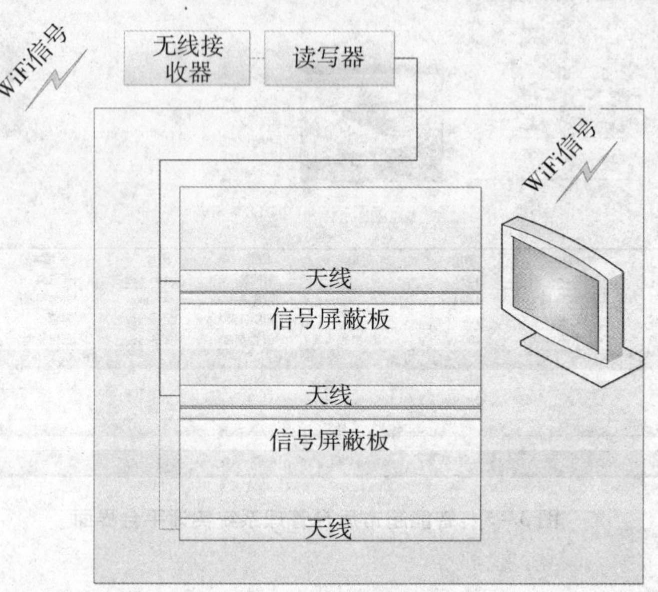

图 3－6　智能货架结构

通过 RFID 读写器及条码读写器，逐个读取商品信息，完成结账，自助结账界面如图 3－7 所示。

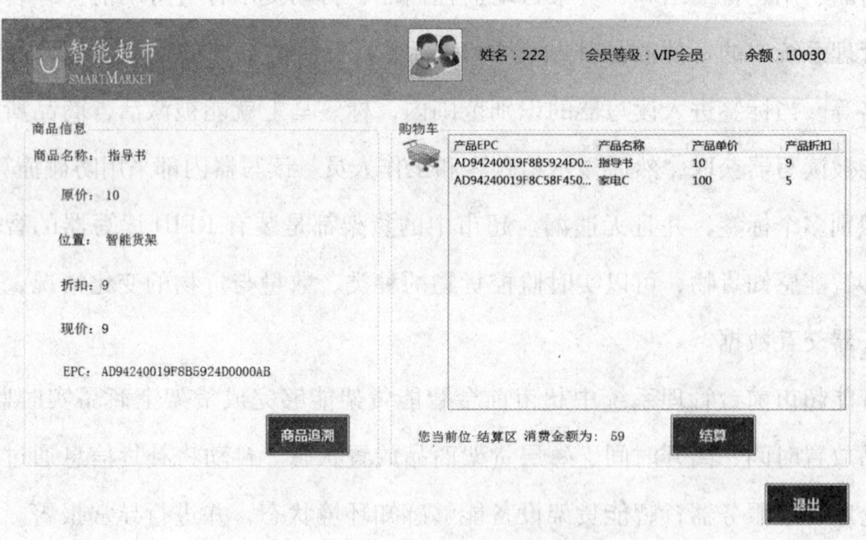

图 3－7　自助结账界面

3.6 智能购物车管理系统实训平台介绍

智能购物车管理系统实训平台界面如图 3-8 所示。

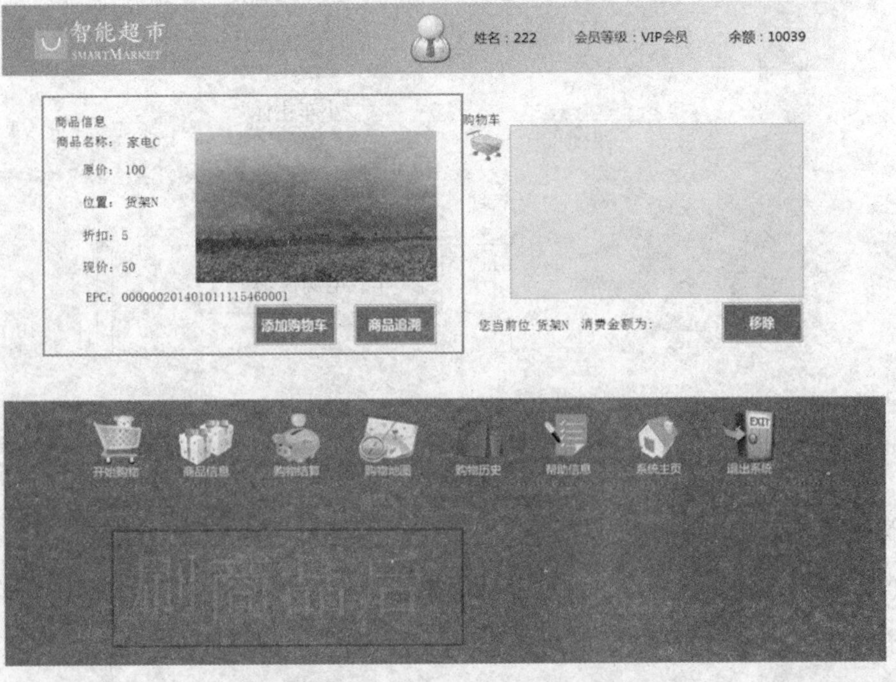

图 3-8 智能购物车管理系统实训平台界面

智能购物车管理系统的重要构件是智能购物车。智能购物车是基于先进的科学技术与创新理念，运用 RFID 技术，实现智能化超市的重要手段。

智能购物车包括购物车体和车上终端两部分。其智能终端具有 RFID 识别、WiFi 数据传输、语音提示、高清晰多媒体播放等多种功能。智能购物车通过智能购物终端传递折扣信息，提示消费者。智能购物车通过购物终端的 RFID 读卡器与天线，识别商品，并可连接服务器查询商品具体信息，特别是为消费者提供及时的溯源渠道。智能购物车上的智能终端可以提供购物者识别的商品与购买商品的具体信息，为分析购物习惯提供了基础数据。

智能购物车组成，如图 3-9 所示。

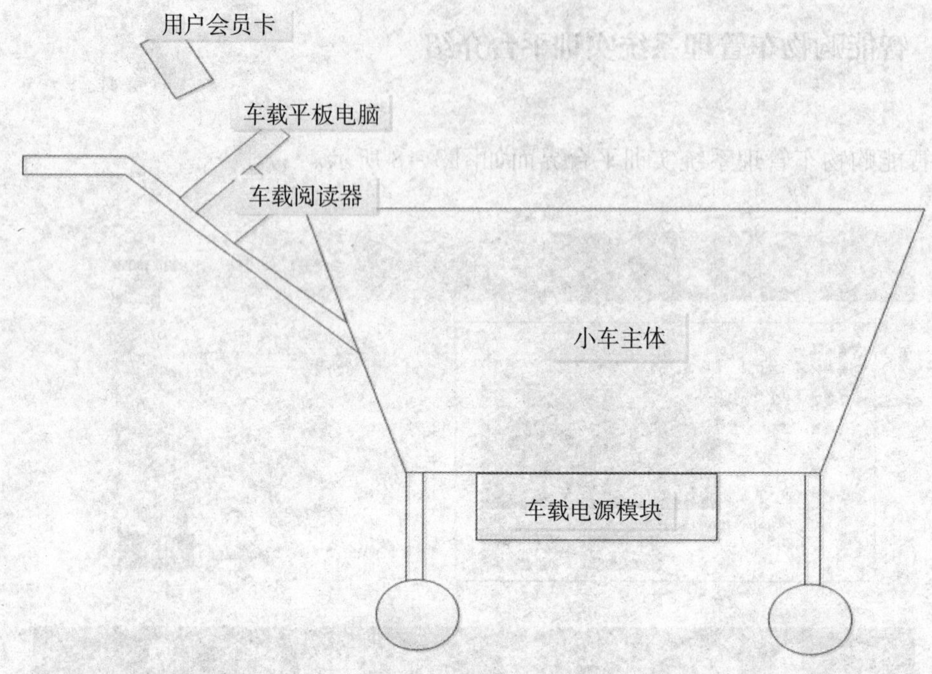

图 3－9　智能购物车组成

智能购物车有以下功能。

（1）能够识别用户身份卡，可显示历史购物记录；可识别贴有 RFID 或条码标签的商品信息。

（2）信息查看：通过对数据库信息查询，能够获取商品的详细信息，包括生产信息、配送信息、原材料供应信息等；同时可以查看商品的打折促销信息等。

（3）商品位置导航：通过与智能货架的信息交互，能够获取商品的位置信息，并通过系统的导航功能快速找到想要的商品。

（4）快速结算：通过智能购物车上的 RFID 读写器或条码枪，用户可以将选购的商品加入购物车（包括网络虚拟购物车与实体购物车），在结算处经过门型 RFID 读写器确认已选购商品后，可以完成快速结算。

智能购物车实物如图 3－10 所示。

图 3－10　智能购物车实物

4 智能生产系统实训

4.1 商品编码与企业注册实验

实验目的

1. 了解企业编码及商品 EPC 编码申请的方法。

2. 了解商品 EPC 编码的构成。

3. 了解商品 EPC 编码在流通过程的作用。

实验内容

1. 注册企业信息。注册生产企业信息，企业名称的命名方式可以为：学生本人姓名 + 生产制造公司名称。

2. 为相应的企业信息申请厂商识别代码。厂商识别代码的编码方式为：学号 + 企业类型编码。

3. 根据厂商识别代码，定义商品编码。基于生产企业，首先预定义三类产品，并定义三类产品的商品贸易项目编码（三类产品分别为食品类、电子产品类、服装类）。

4. 分别在智能生产系统、智能仓储与配送系统、智能超市后台管理系统中的“系统设置”菜单栏下进行企业信息设置。（智能仓储与配送系统、智能超市后台管理系统中企业信息自定义，无须在 EPC 管理平台中注册）

实验环境

系统环境：Windows 7/Windows 8。

软件：Chrome 浏览器。

硬件：无。

实验步骤

1. 注册企业及商品信息。

（1）打开服务“http：//192.168.1.121：6010/”，进入“EPC 公共信息管理系统”，如图 4－1 所示。

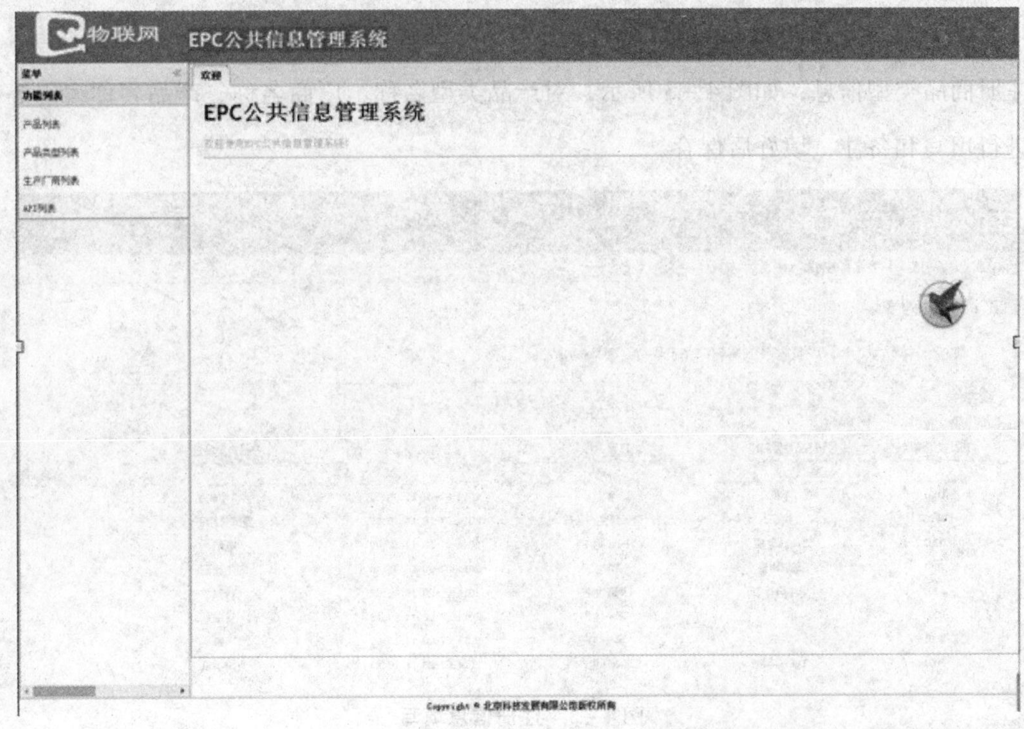

图 4－1　EPC 公共信息管理系统界面

（2）打开“生产厂商列表”，点击“增加菜单”注册生产厂商信息，对生产厂商名称、生产厂商编码和备注进行填写，填好后保存。如图 4－2 所示。

欢迎 | 产品列表 × | 产品类型列表 × | 生产厂商列表 ×

生产厂商列表

选中厂商进行删除和编辑操作；如果不存在该厂商，可以添加

列表

刷新 增加 删除

生产厂商编码	生产厂商名称	创建时间	备注	
	009			保存 取消
1308524002	中外运	2014-07-28 20:55:22	仓储	
microsoft	微软	2014-05-02 14:25:07	美国微软	
B100802181	Nokia生产	2014-07-28 14:05:27	Nokia生产	
1550119853	海尔超市	2014-07-28 16:33:40	海尔超市	
B100802183	Nokia市场	2014-07-28 14:04:49	Nokia卖场	
1308524031	李一仓储	2014-07-28 14:07:03	仓储	
1308524030	李一生产	2014-07-28 14:01:23	生产	
0812030403	大润发超市	2014-07-28 14:05:01	大润发	
1550119852	海尔配送	2014-07-28 16:33:18	海尔配送	
0812030401	康师傅生产公司	2014-07-28 14:05:53	康师傅	
1308524032	李一超市	2014-07-28 14:07:47	超市	
0812030402	顺丰仓储配送公司	2014-07-28 14:04:24	顺丰	

图 4－2　注册列表

（3）完成生产厂商信息注册后，打开“产品类型列表”，并点击“增加菜单”注册商品类型信息，如图 4－3 所示，对产品类型名称、厂商名称、产品名称编码等进行填写和备注，填好后保存。

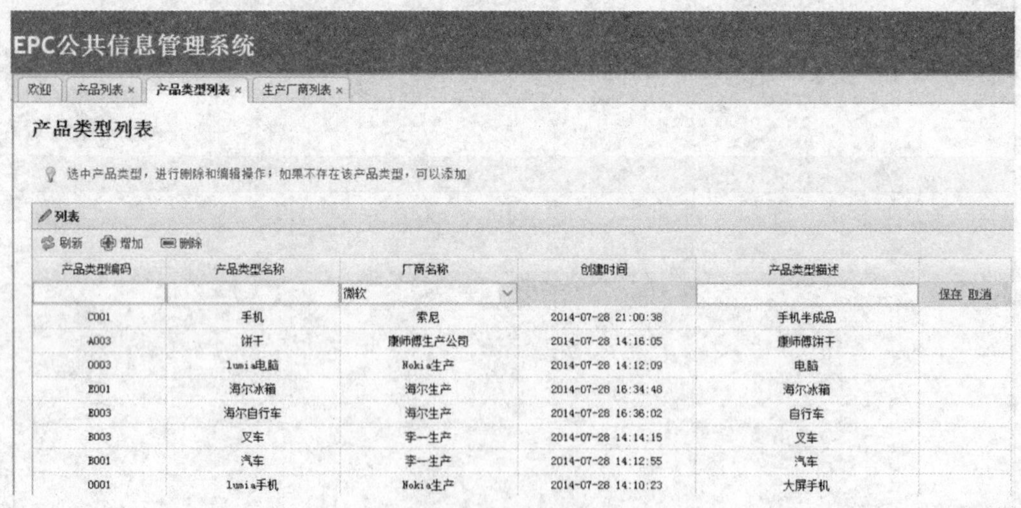

EPC公共信息管理系统

欢迎 | 产品列表 × | 产品类型列表 × | 生产厂商列表 ×

产品类型列表

选中产品类型，进行删除和编辑操作；如果不存在该产品类型，可以添加

列表

刷新 增加 删除

产品类型编码	产品类型名称	厂商名称	创建时间	产品类型描述	
		微软			保存 取消
C001	手机	索尼	2014-07-28 21:00:38	手机半成品	
A003	饼干	康师傅生产公司	2014-07-28 14:16:05	康师傅饼干	
0003	lumia电脑	Nokia生产	2014-07-28 14:12:09	电脑	
E001	海尔冰箱	海尔生产	2014-07-28 16:34:48	海尔冰箱	
E003	海尔自行车	海尔生产	2014-07-28 16:36:02	自行车	
B003	叉车	李一生产	2014-07-28 14:14:15	叉车	
B001	汽车	李一生产	2014-07-28 14:12:55	汽车	
0001	lumia手机	Nokia生产	2014-07-28 14:10:23	大屏手机	

图 4－3　注册信息填写

说明：填写厂商名称信息时，选择下拉列表中刚完成注册的厂商，填好后单击“保存”即为注册完毕。如果填写错误需要重新注册，选中该行，单击“删除”可以删除注册信息。

2. 在生产系统、仓储配送系统、超市后台管理系统中进行企业信息设置。

（1）在生产系统软件中，打开“系统设置”，填好“串口参数设置”“服务器

IP”信息，同时填写“企业信息注册”中的“企业名称”与“厂商编码”填好后，单击“保存”即完成设置，如图4－4所示。

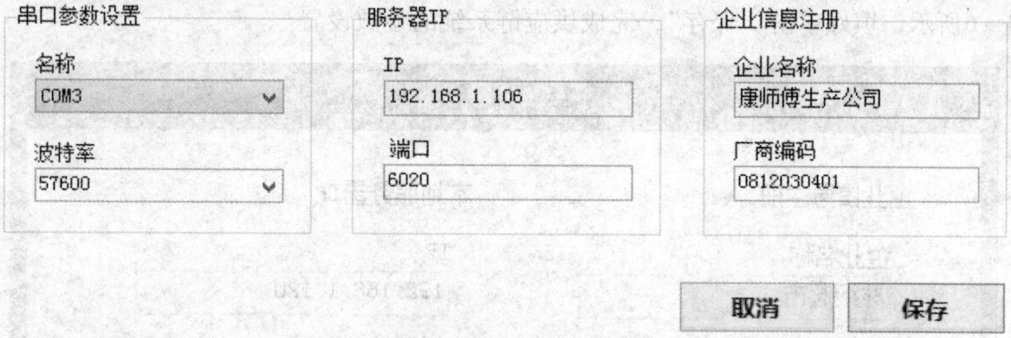

串口参数设置
名称
COM3
波特率
57600
服务器IP
IP
192.168.1.106
端口
6020
企业信息注册
企业名称
康师傅生产公司
厂商编码
0812030401
取消
保存

图4－4　生产系统设置

注：此处的企业信息为步骤1中注册的生产企业信息。

（2）在智能仓储与配送系统中，打开“系统设置”，填好“串口参数设置”“服务器IP”信息后，在“企业信息注册”中填写仓储公司的名称和对应的编号（自定义），“供应商信息注册”中填写“生产企业信息”（步骤（1）中注册的信息），填好后单击“保存”，如图4－5所示。

串口参数设置
名称
COM3
波特率
57600
服务器IP
IP
192.168.1.106
端口
6020
企业信息注册
企业名称
顺丰仓储配送公司
厂商编码
0812030402
供应商信息注册
企业名称
康师傅生产公司
厂商编码
0812030401
取消
保存

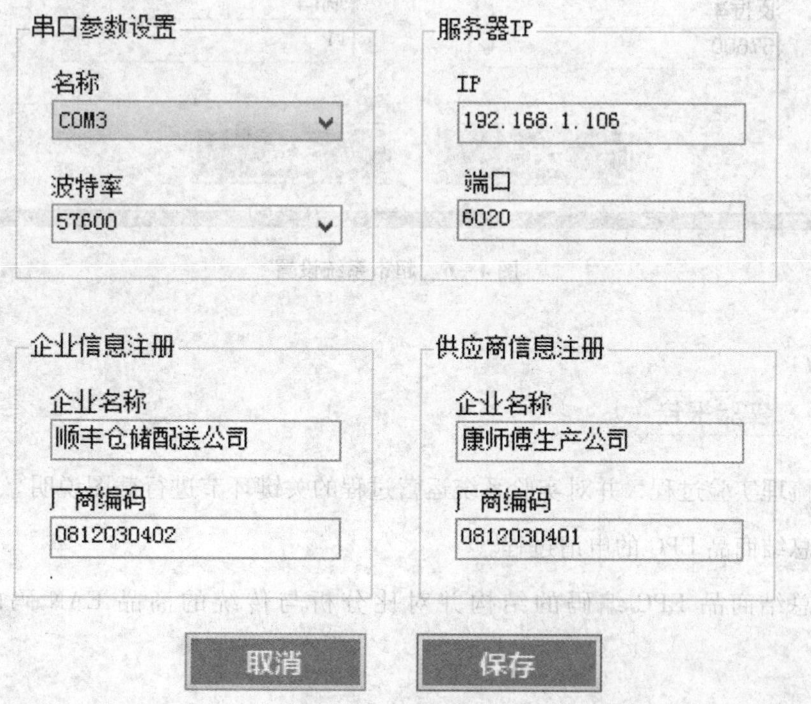

图4－5　仓储系统设置

（3）在智能超市系统中，打开“系统设置”，填好“串口参数设置”和“服务器IP”后，在“企业信息注册”中填写超市公司的名称和编号（自定义），如图4-6所示，填好单击“保存”，完成供应链系统的参数设置。

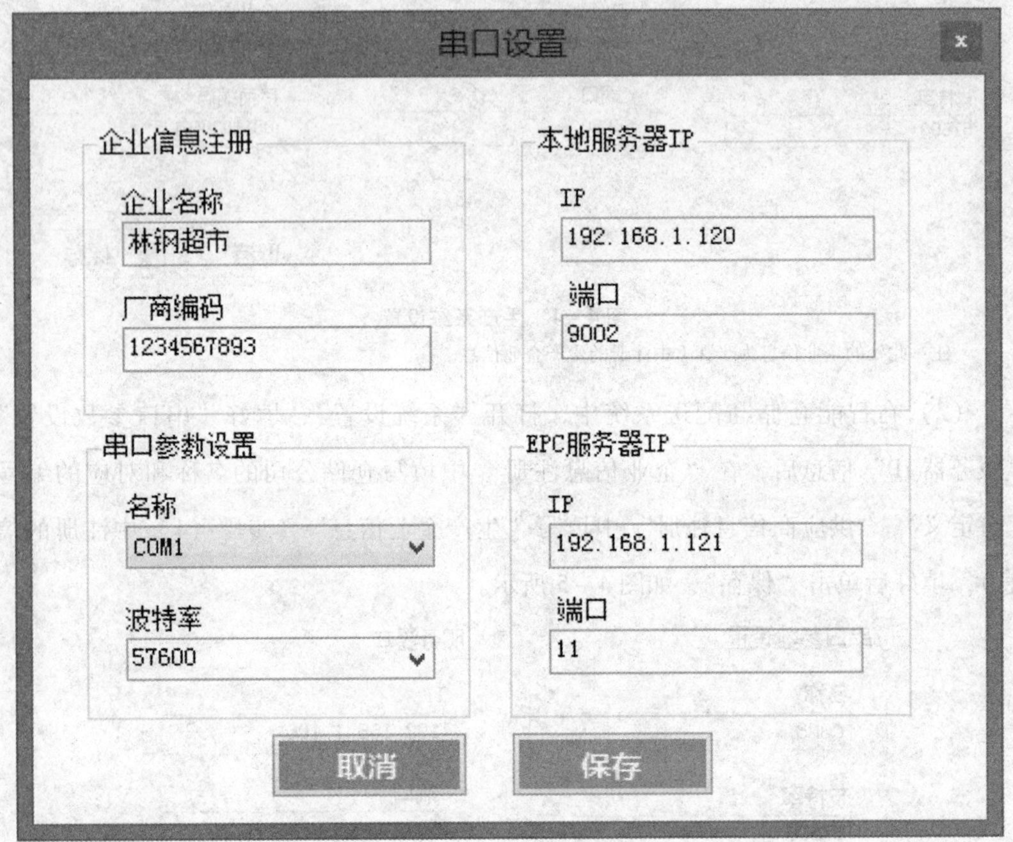

图4-6 超市系统设置

1. 梳理实验过程，并对实验系统运营过程的关键环节进行截图说明。

2. 总结商品EPC的申请过程。

3. 总结商品EPC编码的结构并对比分析与传统的商品EAN码的异同与优势。

4.2 订单处理实验

实验目的

1. 订单所包含的基本内容。

2. 仓库中订单处理的过程。

3. 订单信息的传递方式。

4. 订单管理与其他子系统的关系。

实验内容

1. 管理超市后台管理系统中的供应商，并通过超市后台管理系统向智能仓储配送系统下订单。

2. 智能仓储配送系统处理上游的采购订单，同时，统计库存情况，并根据结果，向生产环节下订单。

3. 通过生产管理系统处理相关订单，并制订生产计划。

实验环境

系统环境：Windows 7/Windows 8。

软件：智能生产系统、智能仓储与配送系统、智能超市后台管理系统。

硬件：无。

实验步骤

1. 添加超市系统供应商。

(1) 打开智能超市系统，对企业信息进行注册，如图 4－7 所示。填写超市名称与厂商编码（厂商编码为 10 位十六进制数字）。

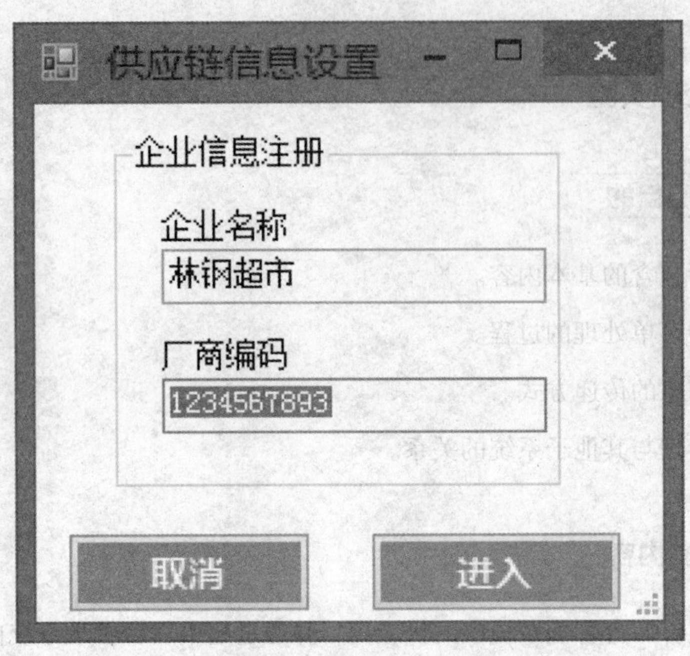

图 4－7　超市企业信息设置

（2）打开商品管理菜单中的供应商管理模块，如图 4－8 所示，填写供应商名称，选择对应的生产厂商名称，确认增加。

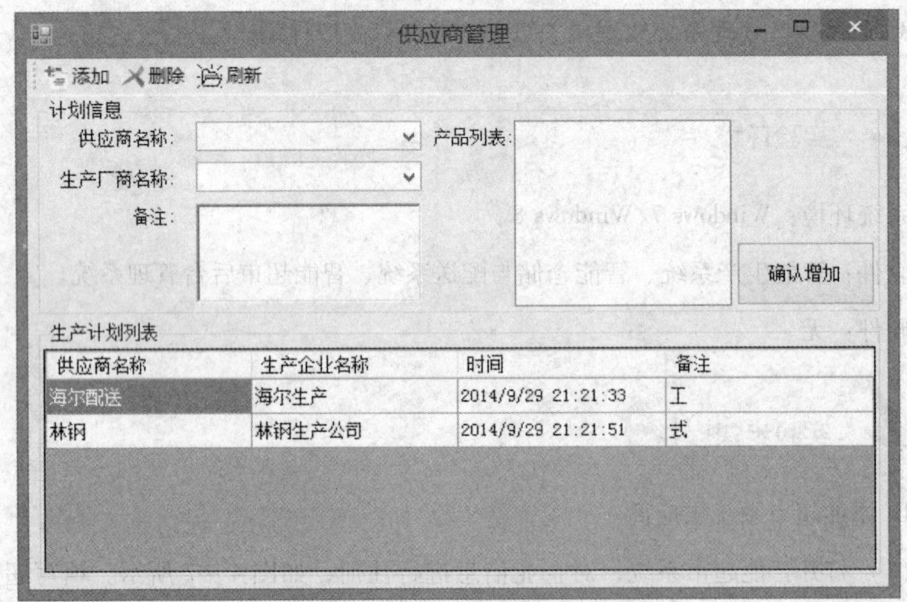

图 4－8　添加超市供应商

2. 通过超市后台管理系统向智能仓储配送系统下订单。

（1）打开智能超市后台管理系统，选择“订单管理”如图 4 – 9 所示，单击“添加”按钮。

用户管理
商品管理
订单管理
销售管理
盘点统计
系统设置
智能超市
添加
删除
刷新
状态查询:
订单信息
订单ID:
供货商:
商品编号:
订单时间:
订货商:
商品数量:
订单状态:
商品名称:
备 注:
订单信息显示
订单ID
产品编码
产品名称
订货商
供货商
数量
时间
备注
订单状态
程序版本：2.0

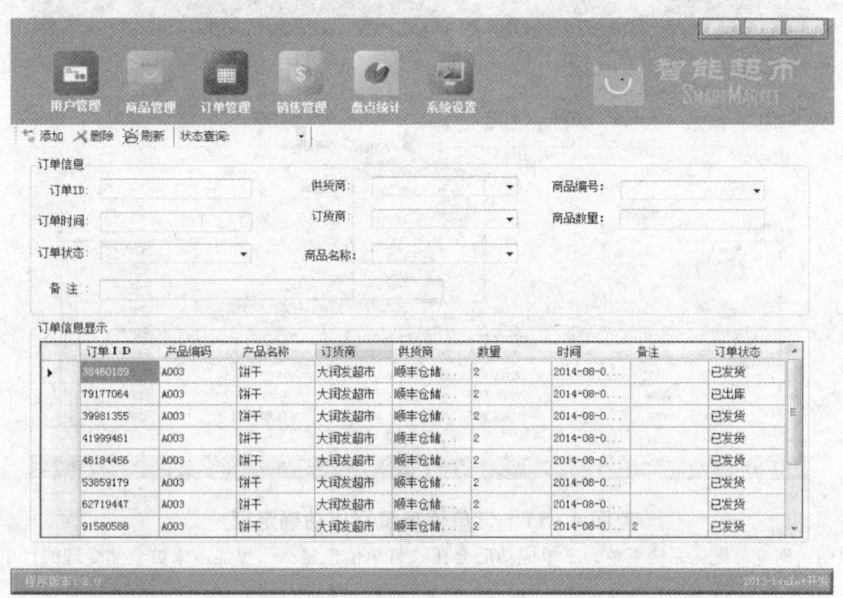

图 4 – 9　超市订单管理系统

说明：超市下订单，即给配送公司下订单，配送公司根据订单进行配送。

（2）填写订单内容，单击“添加”填写信息，如图 4 – 10 所示；出现“添加成功”对话框即完成下单，如图 4 – 11 所示，并在系统中查找订单。（订货商为“企

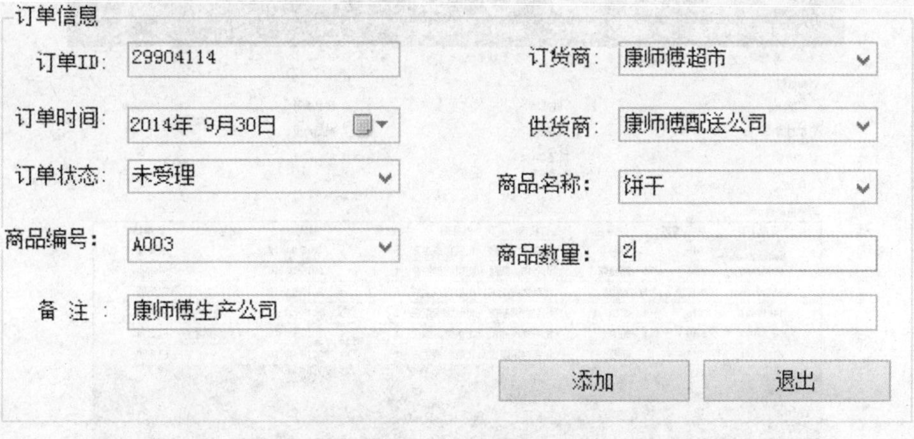

订单信息
订单ID: 29904114
订货商: 康师傅超市
订单时间: 2014年 9月30日
供货商: 康师傅配送公司
订单状态: 未受理
商品名称: 饼干
商品编号: A003
商品数量: 2
备 注: 康师傅生产公司
添加
退出

图 4 – 10　订单信息填写框

业信息注册”中的企业，供应商信息为“供应商管理”中添加的企业，商品类型对应的为“供应商管理中”生产厂商对应的产品列表）

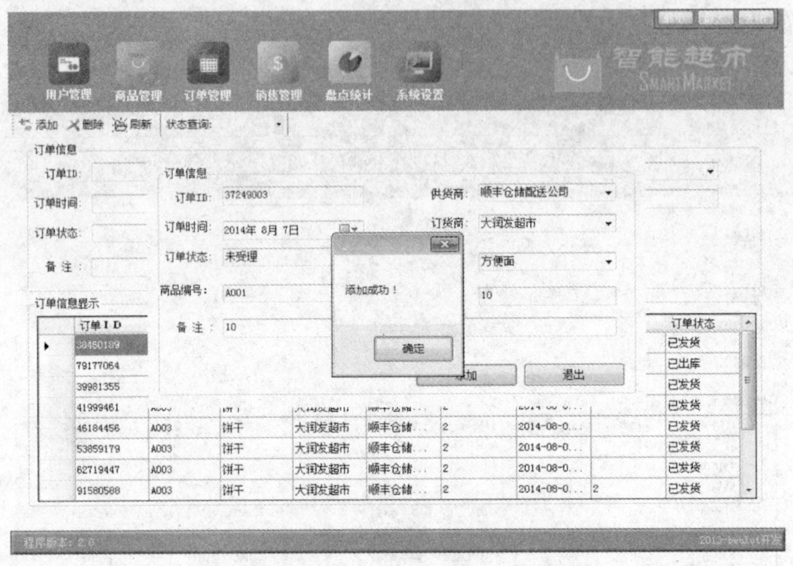

图 4－11　订单信息填写成功确定框

说明：对仓储配送系统下单，下单成功后会在“订单信息显示”里显示未被仓储受理的订单。

3. 通过智能仓储配送系统向智能生产系统下单。

（1）打开智能仓储配送系统，进入“订单管理”查看“销售订单”，选择未处理的订单，选择后自动对应订单信息，如图 4－12 所示。

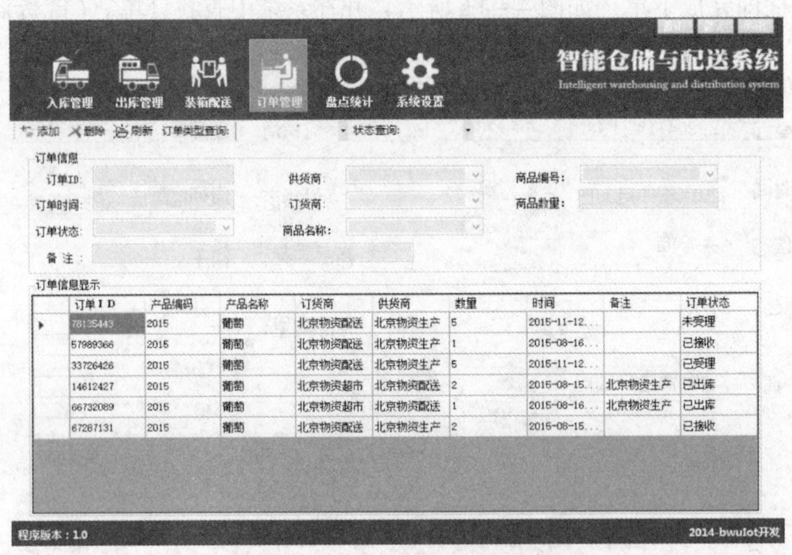

图 4－12　智能仓储订单查看

（2）选择订单后单击“确认受理”，即完成对未处理的销售订单进行处理，订单状态变为“已受理”，如图 4－13 所示。

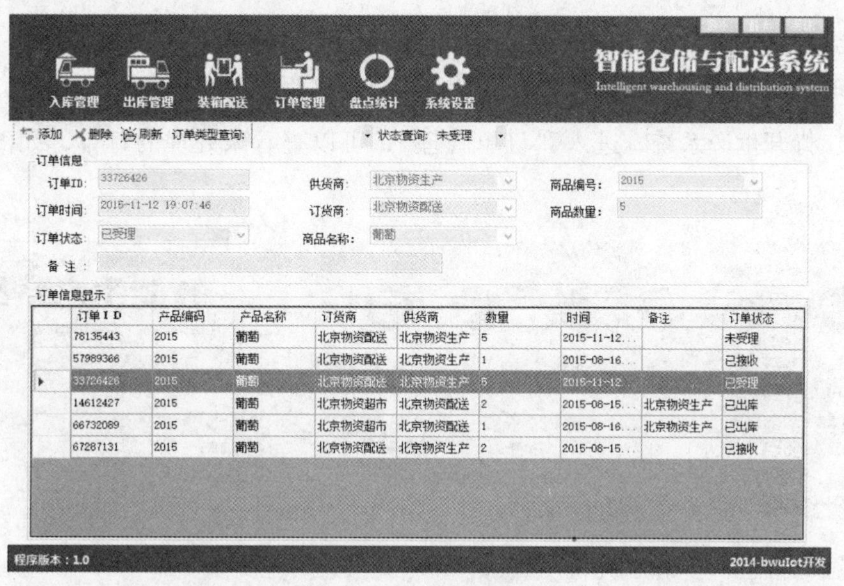

图 4－13　仓储订单受理

（3）点击“添加”按钮，选择商品名称及数量，确认添加后向生产厂商发送采购订单。添加成功后，订单状态为“未受理”，如图 4－14 所示。

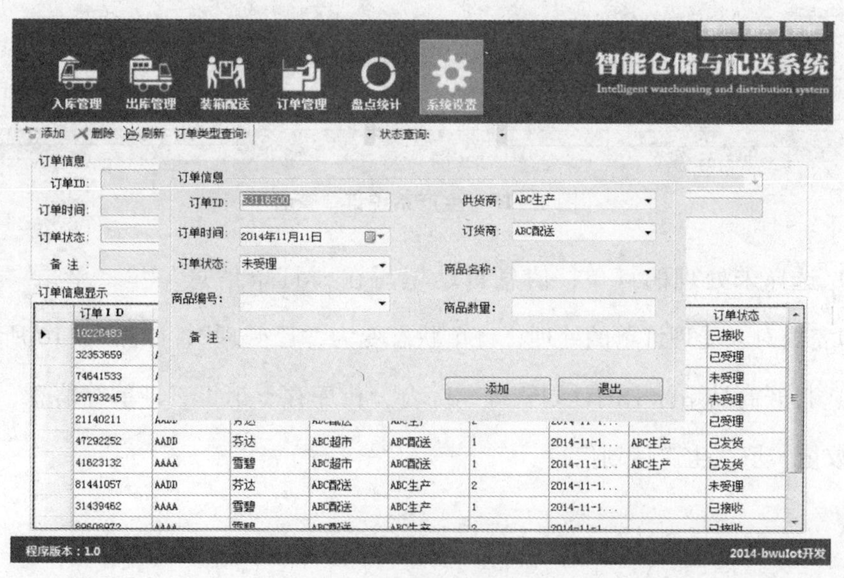

图 4－14　添加采购订单

说明：智能仓储配送系统处理下游的采购订单、统计库存情况，并根据结果向生产环节下订单。

超市下单后会在“智能仓储”的“订单管理”中显示，订单的各个信息均可查看，订单状态为“未受理”，选中“未受理”的订单，进行“确认受理”后，状态变为“已受理”。

4. 通过生产管理系统处理相关订单，并制订生产计划。

（1）打开生产系统，进入“订单管理”，可以查看未处理的订单，如图 4－15 所示。

图 4－15　生产系统订单查看

（2）选择未处理的订单，信息自动填写在“订单信息”里，单击“确认受理”，即完成对未受理订单的处理，订单状态变为“已受理”，如图 4－16 所示。

（3）打开商品贴标中的计划管理，综合分析库存、销售、订单等信息，确定计划生产数量，填写生产计划信息。

实验报告

1. 梳理实验过程，并对实验系统运营过程的关键环节进行截图说明。

图 4-16　生产系统订单受理

说明：在“生产系统”的“订单管理”中，会出现仓储部门的订单，查看订单内容，根据需要进行生产，选中并受理即完成对订单处理。智能仓储下单后会在“订单管理”中显示，订单的各个信息均可查看，订单状态为“未受理”，选中“未受理”的订单，进行“确认受理”后，状态变为“已受理”。

2. 总结订单应包含的内容及在供应链中传递过程。

4.3　商品贴标实验

1. 了解 RFID 标签的读写方法。

2. 掌握 EPC 的编码规则。

3. 了解使用 RFID 标示物体的方法，了解商品编码与 RFID 标签载体之间的关系。

1. 准备 RFID 标签（数量依生产计划而定），读取标签存储的数据。

2. 使用智能生产物流系统选择商品类别，进行贴标（根据 4.1 节定义的三种产品，每种产品生产三个）。

3. 使用智能生产系统，完成毛坯的贴标入库流程。

实验环境

系统环境：Windows 7/Windows 8。

软件：智能生产系统、贴标子系统。

硬件：RFID 读写器、超高频 RFID 标签、模拟商品。

相关知识

RFID 贴标子系统

智能生产系统的产品标识基于 RFID 技术，利用超高频 RFID 标签，通过唯一的 EPC 编码标示产品，使得产品无论在生产环节、运输配送环节还是销售环节，最后到达消费者手中，都拥有唯一的标识。

系统组成包括：

（1）RFID 读写器如图 4－17 所示。

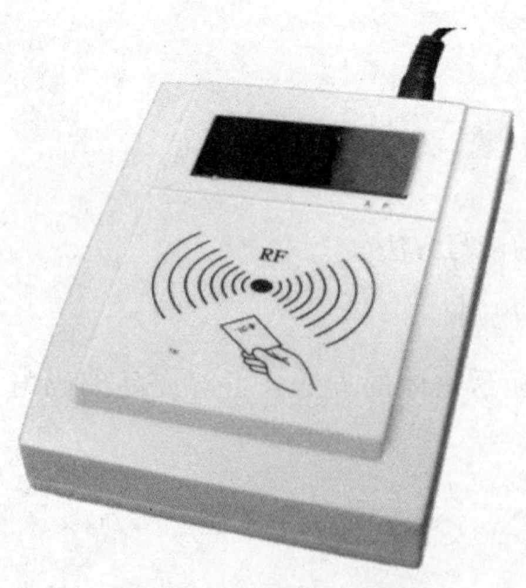

图 4－17　RFID 读写器

（2）上位机（PC）以及 RFID 贴标软件，其工作流程如图 4－18 所示。

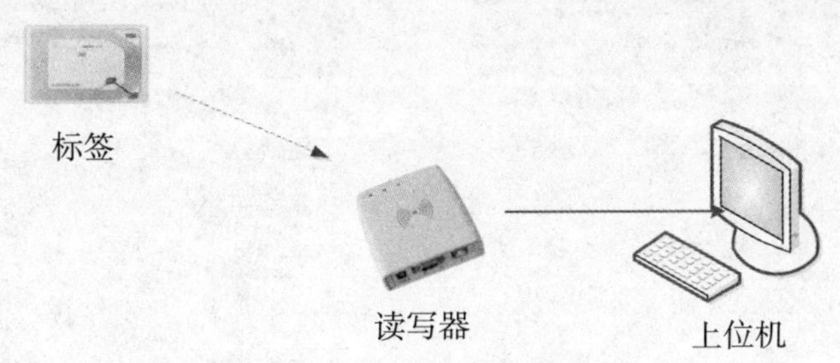

图 4－18 RFID 贴标系统示意

智能生产系统用唯一的电子编码来标示产品，理论上讲 EPC 包括标头、滤值、厂商识别码、贸易项目代码以及序列代码构成，在本系统中，将 EPC 编码简化为厂商编码、对象分类码（对象分类号＋批次）以及流水号三部分构成，系统编码界面如图 4－19 所示。

商品信息
商品名称：饼干
厂商编码：0812030401
对象分类号：A003
批次：72005828 8位十六进制

计划信息
商品名称：饼干
商品EPC：0812030401A0037200582800
当前EPC：
计划产量：2
已贴数量：0

计划管理 读取EPC 生成EPC 写入EPC 贴标

图 4－19 RFID 标签生成示意

贴标软件生成的 EPC 编码将对生产加工的毛坯进行贴标操作，实现对产品的唯一标识，体现了对供应链中产品的全程控制。

实验步骤

1. 链接 RFID 读写器，进行系统配置。

（1）连接好智能生产系统的硬件外部设备，如计算机、RFID 读写器等设备。

（2）检查电脑设备管理器下 RFID 读写器串口是否驱动。已驱动好则记录串口名称。

（3）打开智能生产系统软件下的系统设置，设置好页面内容，如图 4－20 所示。

图 4－20　智能生产系统设置页面

说明：串口参数设置为与本地电脑连接的 RFID 读写器，名称处选择此读写器的串口名称。企业信息注册按照前文实训中定义的生产企业和编码，对应填写到页面中。波特率不需要修改，与服务器 IP 根据设置为主机的 IP。

2. 在准备好的标签中写入生成的标签信息，进行商品贴标工作。

（1）点击“商品贴标”栏目，选择要贴标的产品类别进行贴标如图 4－21 所示。注意选上的产品类别在下面文本框中要显示出信息后再操作。

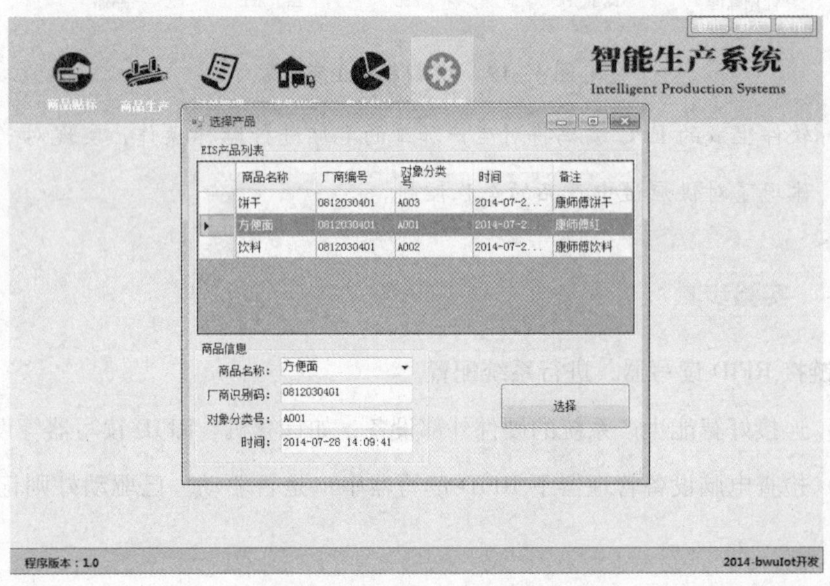

图 4－21　商品贴标名称选择

（2）根据订单情况，制订生产计划。点击“计划管理”，填写目标生产计划。在“计划管理”中，选择“未执行”的计划，单击“确认增加”，如图 4－22 所示。

图 4－22 生产订单添加页面

（3）生成“EPC 编码”。点击“生成 EPC”按钮，如图 4－23 所示，系统按定义的规则生成新的 EPC 编码。

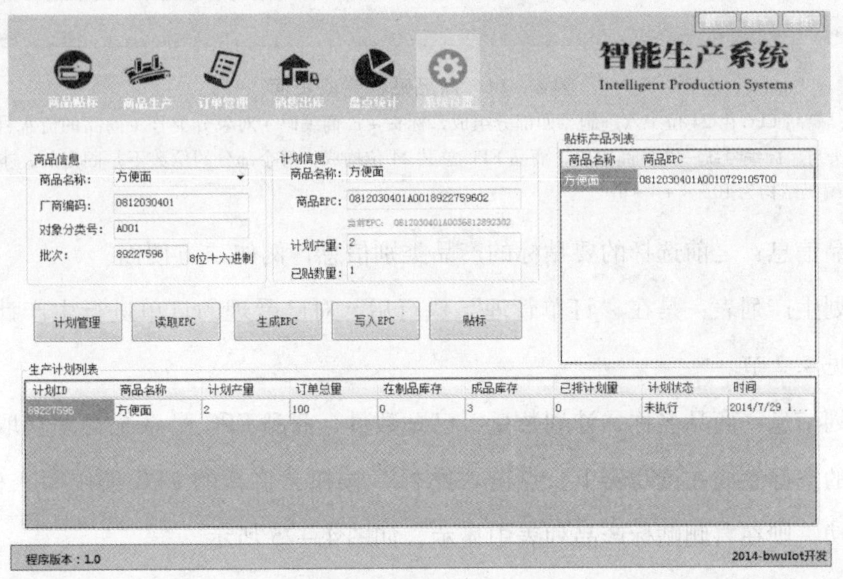

图 4－23 生成商品 EPC 码

说明：系统默认会自动生成 EPC 编码，“生成 EPC”会生成新 EPC，EPC 编码为 24 位十六进制格式。

（4）写入 EPC 编码。将标签放置在读写器上，点击“写入 EPC”按钮，将已生成的 EPC 编码写入到标签中。当页面中红色字体“当前 EPC”与“商品 EPC”一致时，写入成功。

（5）商品贴别。点击“贴标”，已写入的 EPC 编码显示在右侧列表中。“贴标”按钮变为“完成”，如图 4－24 所示。

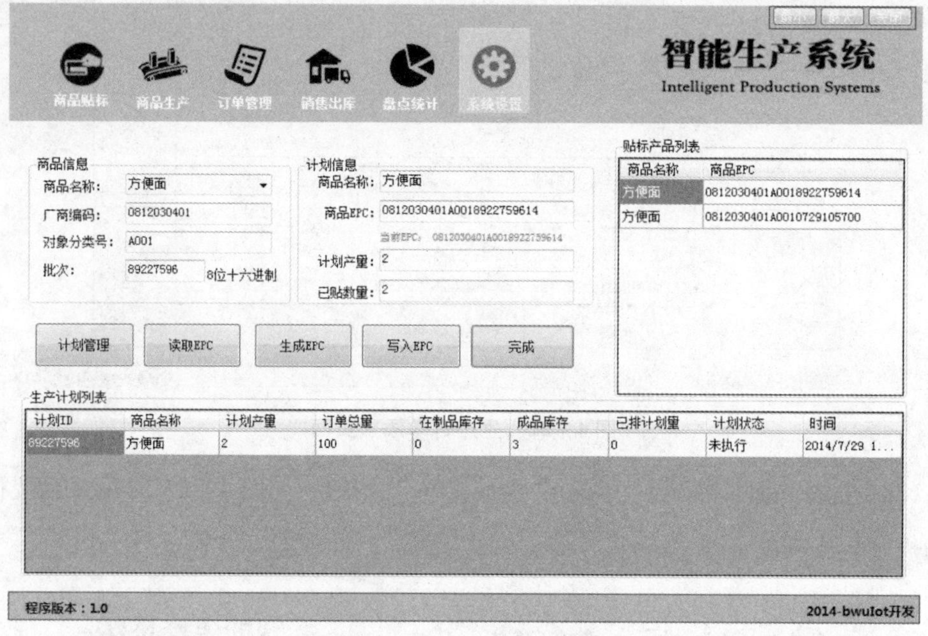

图 4－24　商品贴标完成页面

说明：商品 EPC 由 24 位十六进制、四部分组成，标头＋厂商编码＋对象分类号＋商品的流水号，本系统中，将标头与厂商编号统一为厂商编码，商品 EPC 总共 24 位构成，每个部分的位数不是固定的，本系统自定义的 EPC 编码结构为 10＋4＋4＋6。

商品信息：之前选择的要贴标的产品类别信息，例如“方便面”。

计划生产列表：是在“订单管理”执行后，对已受理的订单进行生产计划，详细操作见 4.2 节。

计划信息：商品名称，计划数量，已贴数量，商品 EPC 由系统自动获取。把之前测试的空标签放在读写器上，点击“贴标”按钮，将新的 EPC 编码写入标签中，写入成功，则在右侧贴标产品列表中显示，如图 4－25 所示。

3. 将写好的 RFID 标签贴到毛坯件上，完成贴标操作。

图 4－25　商品贴标完成列表

实验报告

1. 梳理实验过程，并对实验系统运营过程的关键环节进行截图说明。

2. 总结 EPC 编码的内容并分析 EPC 编码与 RFID 之间的关系。

3. EPC 编码应用于生产过程的好处。

4.4　商品生产与盘点实验

实验目的

1. 了解生产过程中环境信息采集的原理与方法。

2. 熟悉各类传感器的使用方法。

3. 了解 ZigBee 技术的通信原理。

4. 了解认识对生产过程中环境信息采集实现实时控制的管理思想。

实验内容

1. 使用智能生产系统，对产品进行生产，同时记录生产过程中的环境信息。

2. 完成生产过程后，对库存进行盘点，记录并分析盘点结果。

实验环境

系统环境：Windows 7/Windows 8。

软件：智能生产系统、智能生产环境监控子系统。

硬件：RFID 读写器、贴标模拟商品、ZigBee 模块。

相关知识

智能生产环境监控子系统

智能生产环境监控系统应用各类传感器感应生产各个工序中的环境信息，如温度、湿度等信息，并通过 ZigBee 传输网络，将环境信息推送至上位机进行存储。根据生产线上 RFID 读写器识别正在生产的产品信息，将实时环境信息与产品编码进行绑定存储，实现对产品生产过程的环境监控，保证产品生产的安全以及后续产品追溯的要求。

系统组成包括：内嵌传感器的 ZigBee 节点，RFID 读写器，上位机（PC），生产流水线设备等，如图 4－26 所示。

产品在生产流水线上进行生产加工，在每个工序设备上安装了内嵌各类传感器的 ZigBee 节点设备，实时监测各个生产工序的环境信息，如温湿度信息以及生产状态信息。当待生产的产品进入某一工序时，在该工序部署的 RFID 天线将实时读取处在该工位的产品 ID，并将产品 ID 发送至上位机，生产工序完成时，把生产过程中的温湿度等环境信息与产品的唯一标示进行绑定，将信息存储到数据库，完成对产品生产环境的监控。

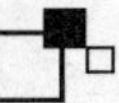

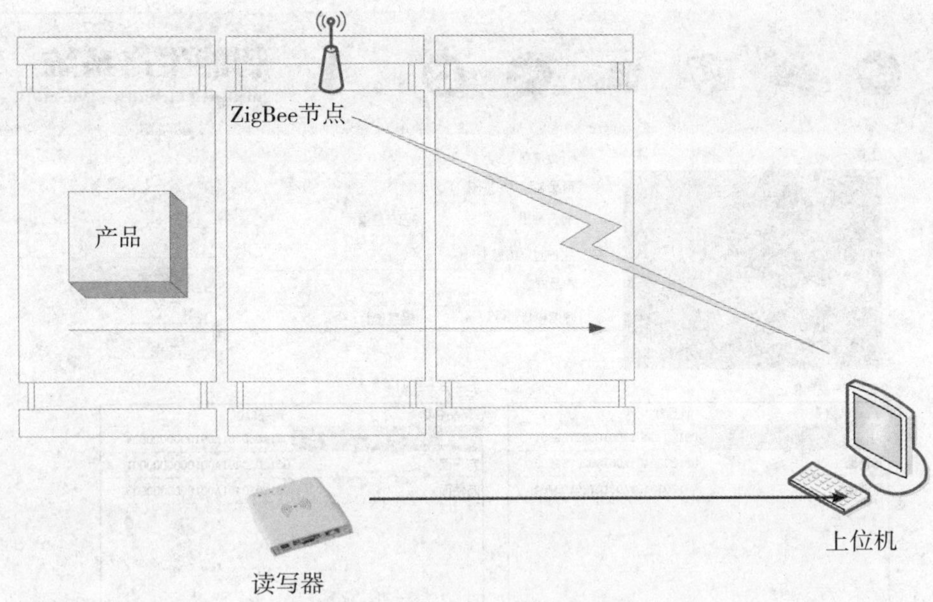

图 4－26　生产环境监控系统示意

1. 对已贴标的商品进行生产操作。

（1）商品生产。确保系统和 RFID 读写器的链接正常状态下，点击“商品生产”栏目，如图 4－27 所示，选择要生产的产品类别。

（2）将贴好标的标签放置 RFID 读写器上，点击“选择产品”，读写器读到的 EPC 编码显示在页面上，如图 4－28 所示，核对读写器所读出的 EPC 编码是否在待生产产品列表中。

（3）点击“开始生产”按钮，产品由“待生产产品列表”转移到“已生产产品列表”表示生产完成，如图 4－29 所示。

计划信息：系统自动监测。

生产过程信息：产品 EPC 则是刚刚读到的标签编码，温湿度参数则由系统的 ZigBee 技术检测发送至页面，表示生产过程的环境信息。

2. 对已生成完成的产品进行定期或不定期的盘点操作。

（1）盘点统计操作。同样保持 RFID 读写器正常工作，点击“盘点统计”栏目

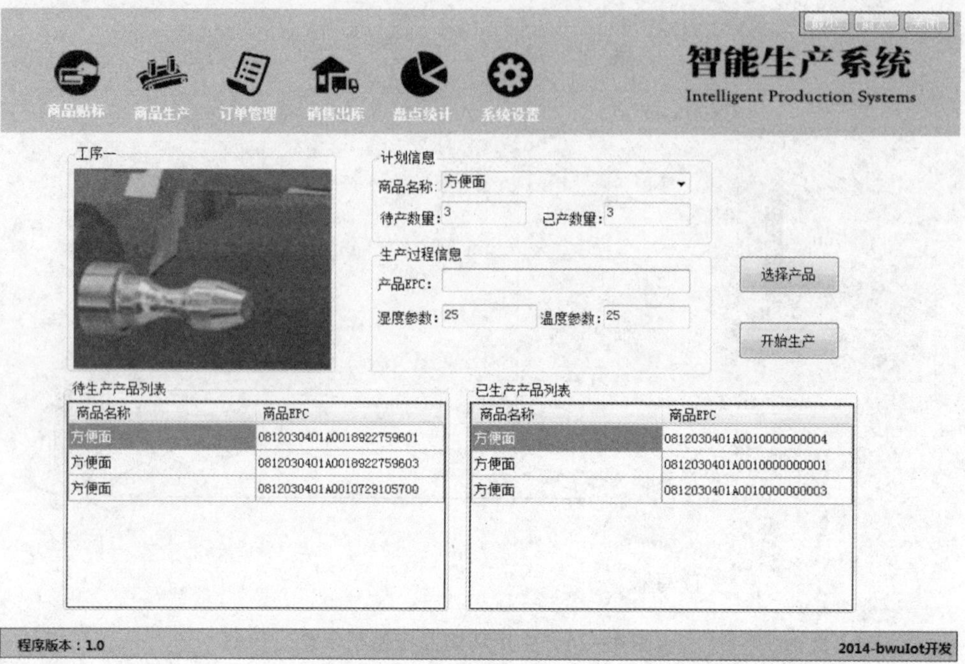

图 4-27　商品生产页面

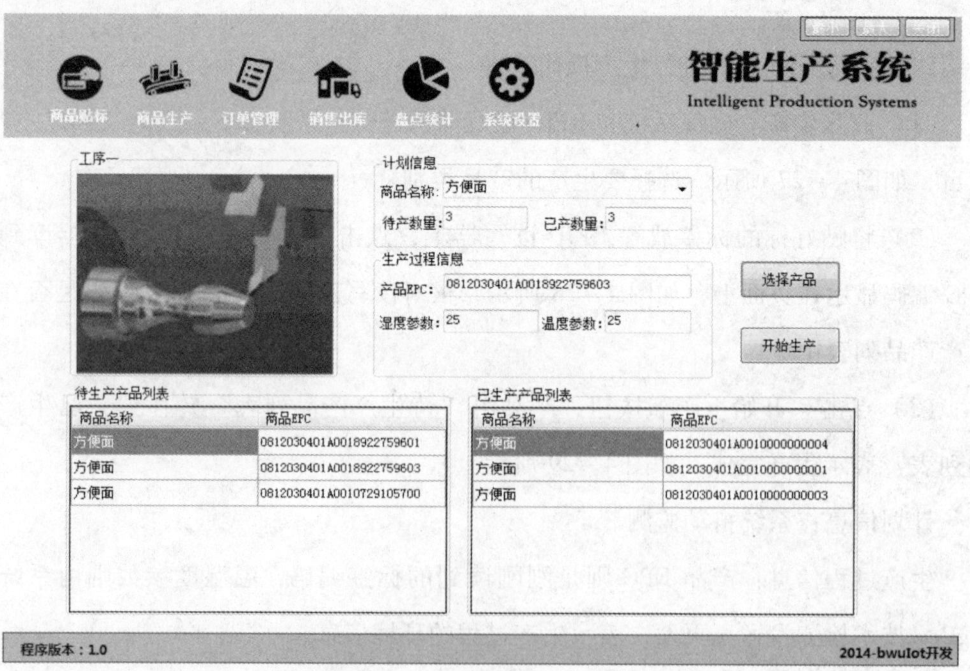

图 4-28　选择产品开始生产

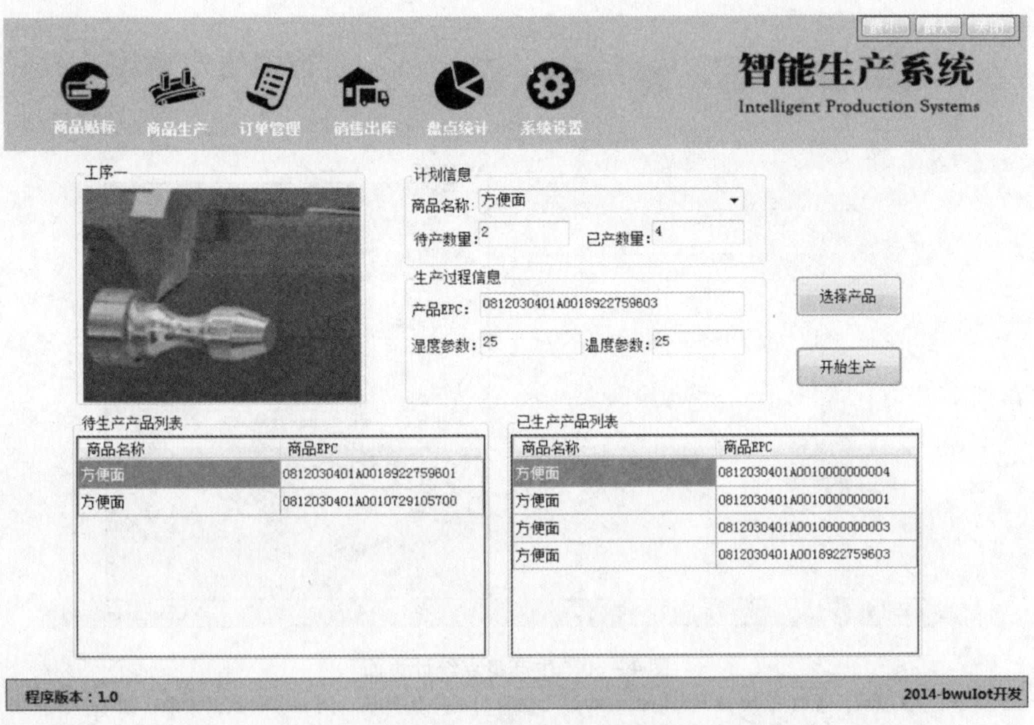

图 4－29　产品生产完成列表

进入页面，如图 4－30 所示，点击“智能盘点”按钮，盘点开始，右侧出现盘点状态。

（2）导出盘点数据，点击“导出”按钮，导出 Excel 表包含在库信息列表中所有信息，选择需要保存的地址将信息保存如图 4－31 所示。

（3）单击“盘点统计”，以图像的方式显示盘点统计信息，如图 4－32 所示。查看显示的图像是否与预期一致，实验操作完成。

1. 梳理实验过程，并对实验系统运营过程的关键环节进行截图说明。

2. 总结物联网技术应用于生产过程的意义。

3. EPC 编码应用于生产过程的好处。

商品名称	商品EPC	状态
lumia平板	B10080218100020000000001	不在库
方便面	0812030401A0010000000004	不在库
lumia手机	B10080218100010000002001	不在库
lumia电脑	B10080218100030000001001	不在库
海尔冰箱	1550119851E0010000000001	不在库
lumia电脑	B10080218100030000000001	不在库
lumia手机	B10080218100010000000001	不在库
方便面	0812030401A0010000000001	不在库
方便面	0812030401A0010000000003	不在库
叉车	1308524030B0030000000001	不在库

图 4－30　生产盘点统计页面

说明：盘点后，观察 RFID 读写器所读到的编码是否与在库信息显示列表中的数据一致，如果一致，发生什么变化，不一致，发生什么变化，不同的状态会在“状态”栏中显示出来。

图 4－31　盘点结果保存填写

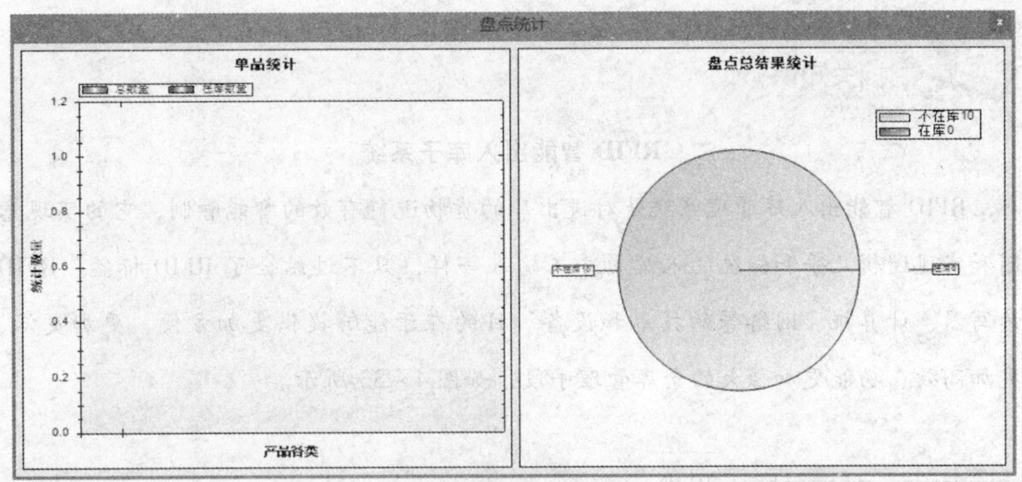

图 4－32　盘点统计结果

4.5　商品销售出库实验

实验目的

1. 掌握 RFID 技术读取的特点。

2. 对比分析 RFID 技术在出入库读取过程中相对于条码技术的优势。

3. 了解认识产品出库过程的业务流程。

实验内容

1. 使用智能生产系统进行订单处理，并生成出库单。

2. 根据出库单，利用 RFID 技术进行出库信息核对。

实验环境

系统环境：Windows 7/Windows 8。

软件：智能生产系统、RFID 智能出入库子系统。

硬件：RFID 读写器、贴标模拟商品。

相关知识

RFID 智能出入库子系统

RFID 智能出入库管理系统是对进出库的货物进行有效的智能管制，它的实现意图和实现逻辑几乎和传统的入库员手工输入一样，只不过结合了 RFID 标签、RFID 读写器、计算机、网络等的技术和设备。目的在于能够提供更加方便、更加灵活、更加高效、功能更加强大的仓库管理手段，如图 4－33 所示。

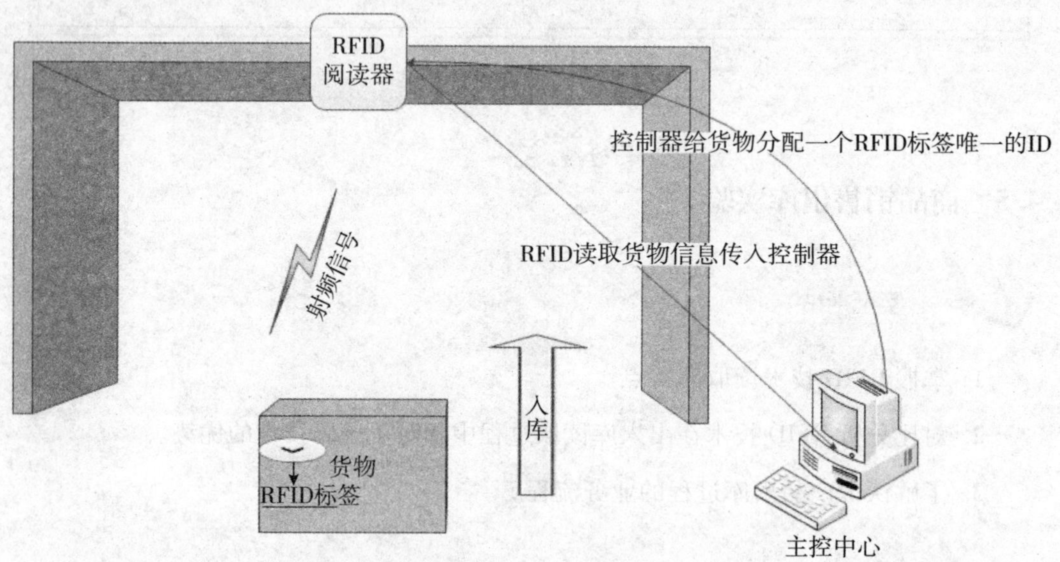

图 4－33　RFID 智能出入库管理系统原理

RFID 智能出入库子系统整体工作原理：货物在入库审核环节，进入仓库过程中货物上的 RFID 标签与 RFID 读写器之间通过射频信号进行信息交换，两者之间的信息传输方式主要有电感耦合方式和电磁反向散射耦合两种，鉴于本系统采用的 RFID 标签的频率是超高频（UHF），所以采用电磁反向散射耦合的方式来进行信息的通信。当 RFID 读写器把信息从 RFID 标签中获取到以后，读写器与主控系统通过网络进行信息通信传输，上位机的软件将对采集到的 EPC 信息进行核对，无误后，匹配订单数量，完成入库。出库的环节与入库的环节类似，如图 4－34 所示。在本系统中通过固定式 RFID 读写器模拟出入库通道，完成 RFID 标签信息的采集。

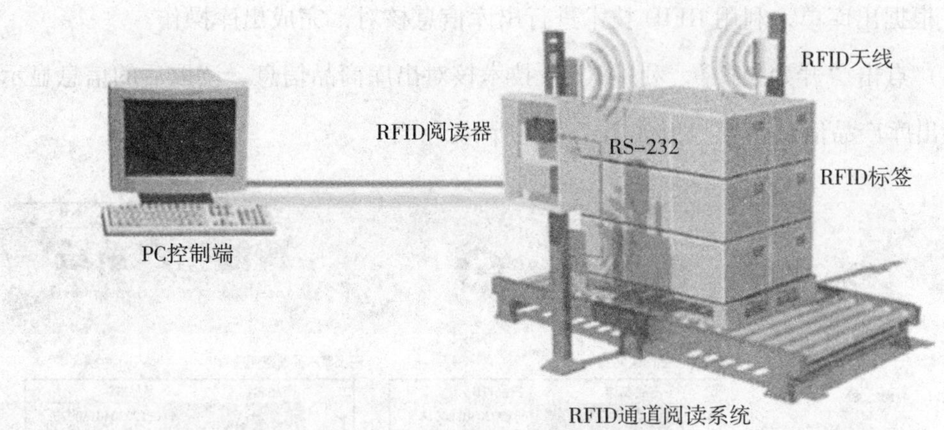

图 4－34　RFID 智能入库管理系统示意

1. 使用智能生产系统，对订单进行处理，并生成出库单。

（1）打开智能生产系统，点击“销售出库”选项，并确保系统和 RFID 读写器的链接正常。

（2）查看在库产品信息与订单信息，确保待出库产品能够满足订单需求。

（3）选择订单信息，自动生成出库单信息，如图 4－35 所示。

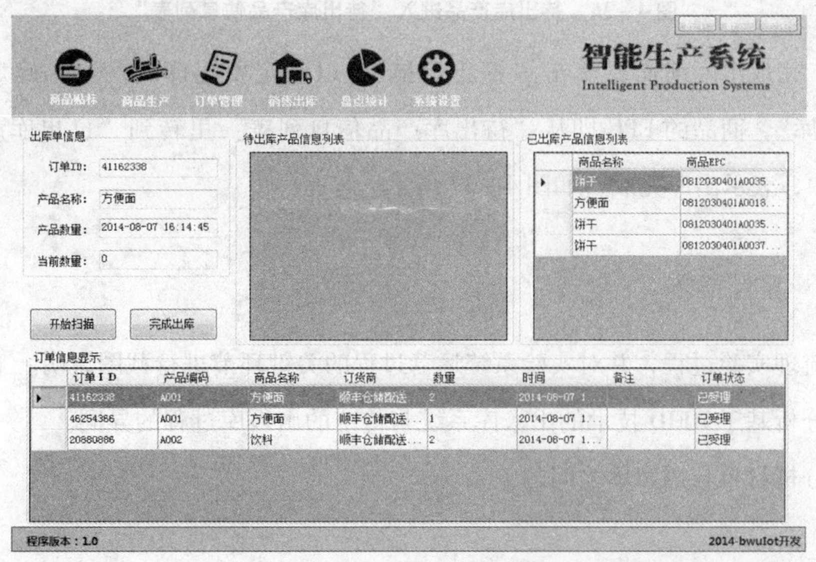

图 4－35　销售出库订单查看

2. 根据出库单，利用 RFID 技术进行出库信息核对，完成出库操作。

（1）点击“开始扫描”，利用 RFID 技术核对出库商品信息，读取后的信息显示在“待出库产品信息列表”里如图 4 – 36 所示。

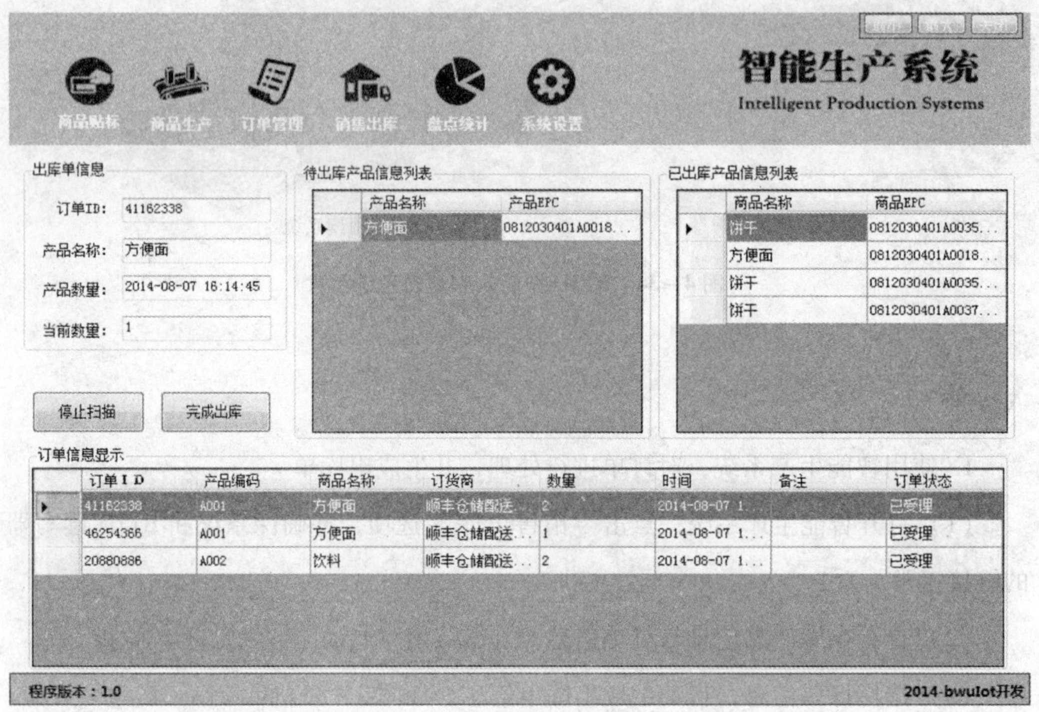

图 4 – 36　待出库产品进入“待出库产品信息列表”

（2）完成出库前需要单击“停止扫描”，以确定要出库的产品，确定后单击“完成出库”，商品的 EPC 即从“待出库产品信息列表”里转到“已出库产品信息列表”中，表示出库完成，如图 4 – 37 所示。

实验报告

1. 梳理实验过程，并对实验系统运营过程的关键环节进行截图说明。

2. 分析基于 RFID 技术的出入库系统与传统的出入库过程的异同。

3. 分析订单与出库单之间的关系。

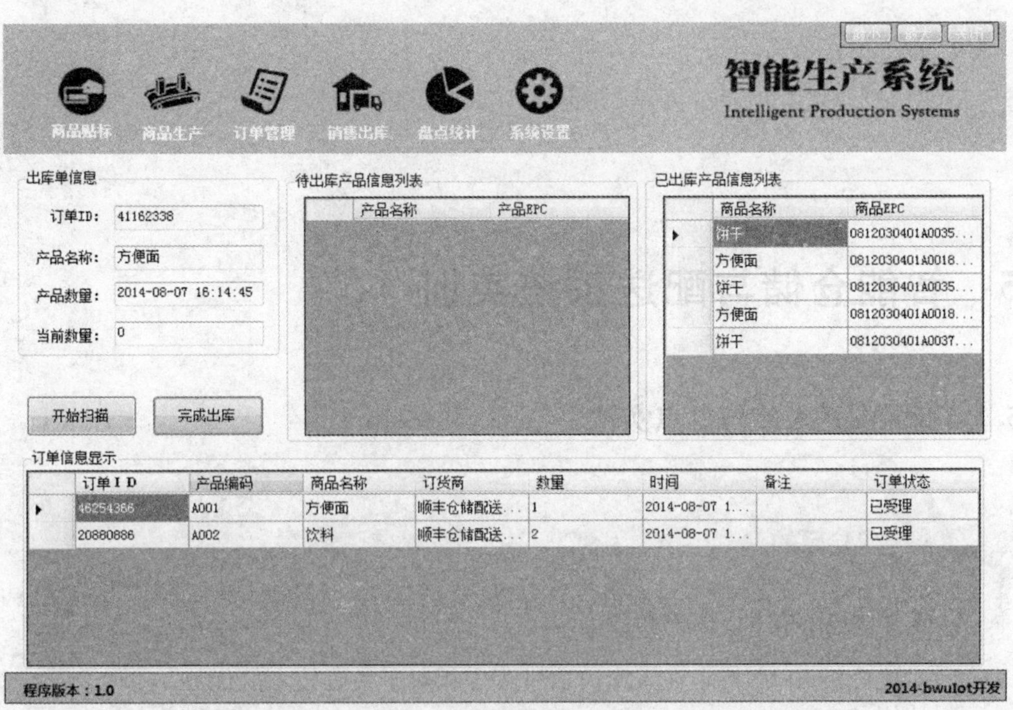

图 4－37　出库产品进入“已出库产品信息列表”

说明：当“当前数量”与“产品数量”相等时，点“停止扫描”，点“完成出库”后，结束出库流程。

5 智能仓储与配送系统实训

5.1 商品配送入库与盘点实验

实验目的

1. 掌握 RFID 技术读取的特点。

2. 对比分析 RFID 技术在入库读取过程中相对于条码技术的优势。

3. 了解仓储环节业务流程中的货物入库作业环节。

实验内容

1. 根据出库单，利用 RFID 技术对入库信息进行核对。

2. 完成入库后，对在库商品进行盘点，并做相关分析。

实验环境

系统环境：Windows 7/Windows 8。

软件：智能仓储与配送系统、智能盘点小车车载系统。

硬件：RFID 读写器、贴标模拟商品。

相关知识

智能盘点小车

智能盘点小车主要由控制装置、供电装置、读写装置和上位机组成，供电装置主要为小车的运行提供能量，保证小车能够在盘点过程中正常的运行；控制装置主要控制小车的运行速度和方向，保证小车能够准确的定位和到达。读写装置用于小车到达准确位置以后，通过上下移动来读取仓库中货架上不同层上货物的信息，并将获取的信息通过通信方式与上位机之间进行数据的通信，供上层应用者进行数据分析和管理，完成仓库内货架上货物的自动盘点功能；上位机主要用来对小车的运行串口及协议进行设置，保证小车能在上位机的控制下正常的运行。图5－1为智能盘点小车的结构示意。

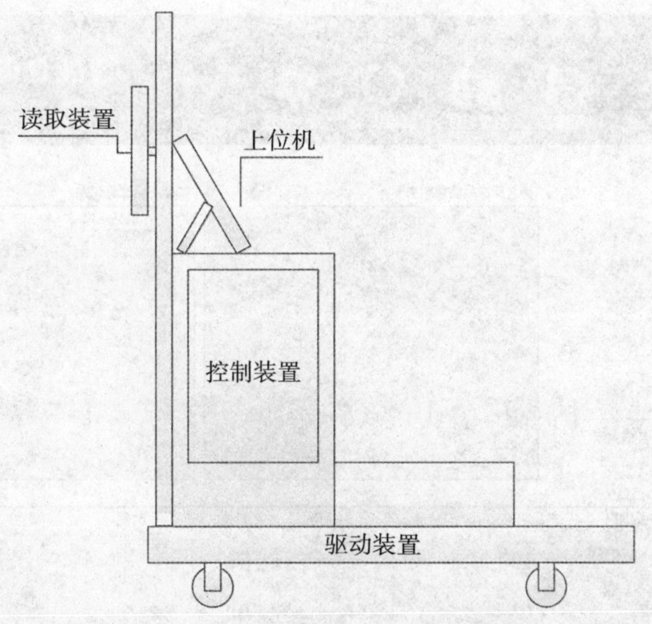

图5－1　智能盘点小车结构示意

工作原理：仓储系统客户端根据仓储内的具体业务制订相应的盘点计划，将盘点计划下达到智能盘点小车的上位机上，在一段时间内上位机控制智能盘点小车对仓储内货架上的货物进行盘点操作，以实现对仓储内指定位置、指定货架、指定商品的信息实时了解和跟踪，便于对仓储内货物的管理和仓储整个系统的订货、分销货计划的制订，避免了因缺货、库存过多等问题给分销商和仓储方带来的成本问题。

1. 根据订单，生成入库单。

（1）打开智能仓储与配送系统，点击“入库管理”按钮，并确保系统和 RFID 读写器的链接正常。

（2）查看订单信息列表，确定有待入库的订单信息。

（3）选择订单信息，自动生成入库单信息如图 5－2 所示。

图 5－2　入库订单查询

说明：此处的订单是由生产厂商已发货的订单。

2. 根据入库单，利用 RFID 技术进行出库信息核对，完成出库操作。

（1）点击“开始扫描”按钮，利用 RFID 技术核对待入库产品信息，待入库产品进入列表如图 5－3 所示。

（2）完成所有产品扫描后，点击“完成入库”按钮，进行商品入库操作，商品即从“待入库产品信息列表”转入“在库产品信息列表”中如图 5－4 所示。

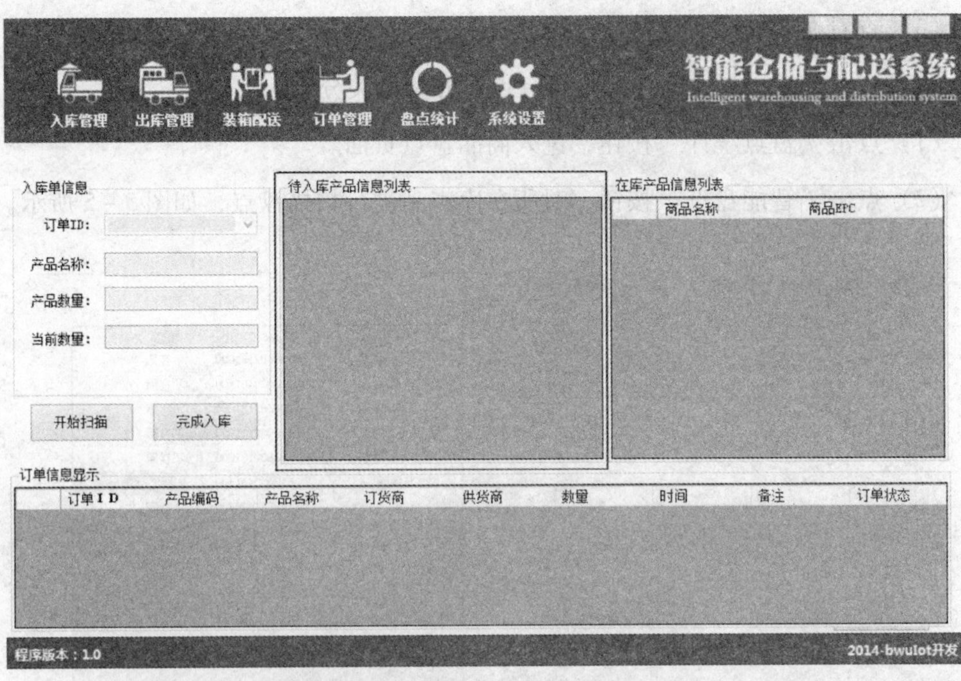

图 5-3　待入库产品进入“待入库产品信息列表”

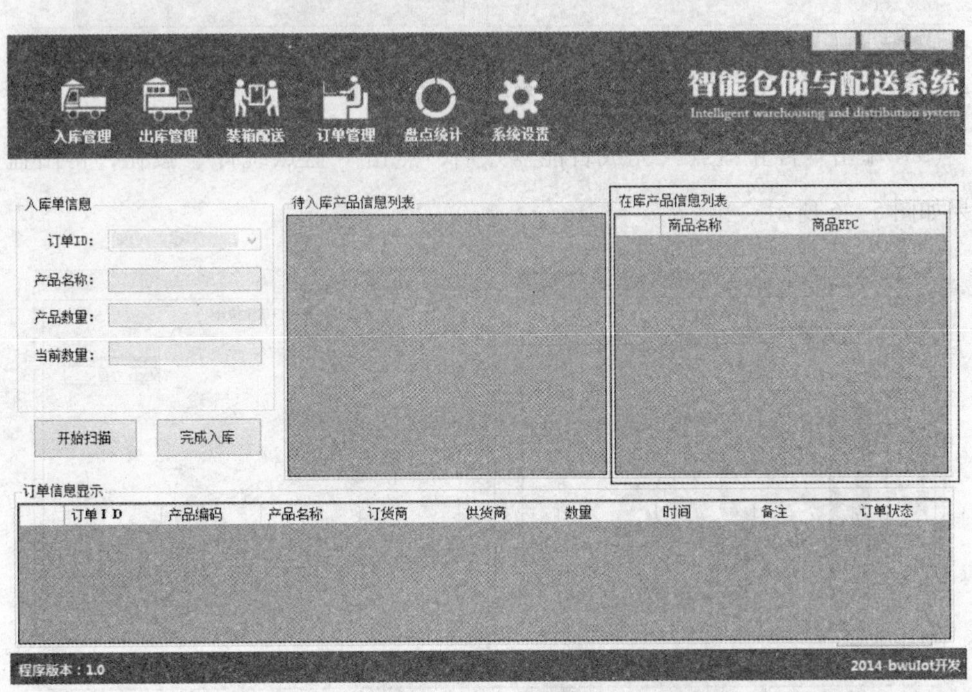

图 5-4　入库产品进入“在库产品信息列表”

说明：此处扫描到的商品是在生产环节已出库发货的商品，读写器扫描的其他商品则自动过滤掉。

（3）查看在库产品信息列表，确定产品已入库。

3. 完成入库后，对在库商品进行盘点，并做相关分析。

（1）点击“盘点统计”按钮，进入商品盘点页面。

（2）点击“智能盘点”按钮，对所在库产品进行扫描盘点，如图 5 - 5 所示。

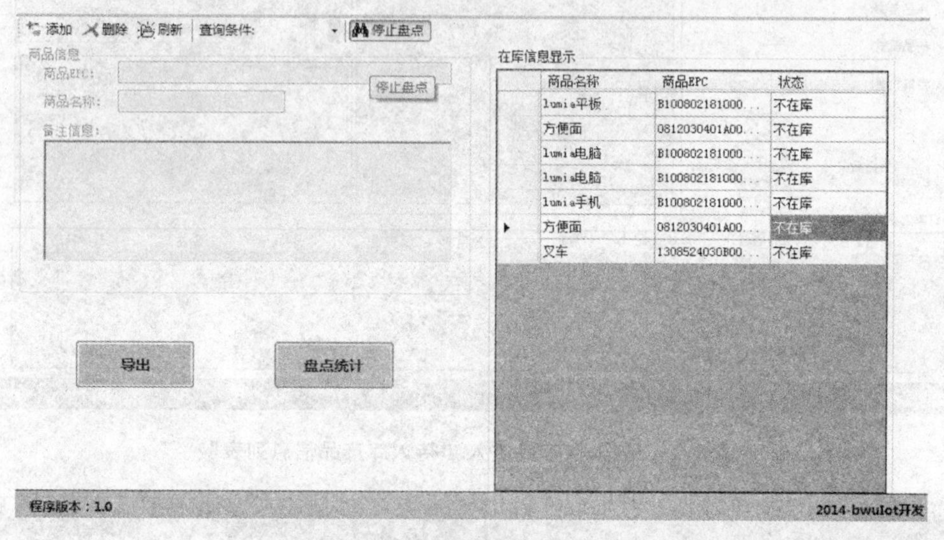

图 5 - 5　智能盘点结果列表

（3）单击“停止盘点”完成智能盘点后，点击“盘点统计”按钮，得出盘点结果如图 5 - 6 所示。

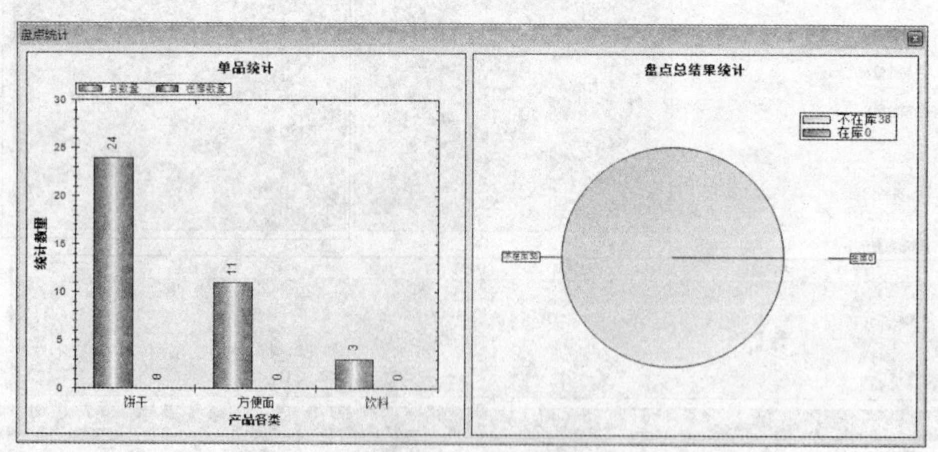

图 5 - 6　智能盘点结果

说明：智能盘点开始后，同学需手动将贴标的在库模拟商品放置读写器识别区域内，系统读取后进行核对，在库产品会改变状态为“在库”。

（4）根据盘点统计结果，进行相关分析，完成实验报告。

实验报告

1. 梳理实验过程，并对实验系统运营过程的关键环节进行截图说明。

2. 分析基于 RFID 技术的盘点系统与传统的盘点过程的异同。

3. 分析当前系统盘点过程存在的问题，如何优化。

5.2 商品出库实验

实验目的

1. 掌握 RFID 技术读取的特点。

2. 对比分析 RFID 技术在出入库读取过程中相对于条码技术的优势。

3. 了解认识产品出库过程的业务流程。

实验内容

1. 使用智能仓储与配送系统，对订单进行处理，并生成出库单（根据相同产品的订单，合并生成出库单）。

2. 根据出库单，利用 RFID 技术进行出库信息核对。

实验环境

系统环境：Windows 7/Windows 8。

软件：智能仓储与配送系统、RFID 智能出入库子系统。

硬件：RFID 读写器、贴标模拟商品。

实验步骤

1. 使用智能仓储与配送系统，对订单进行处理，并生成出库单。

（1）打开智能仓储与配送系统，确保系统和 RFID 读写器的链接正常。

（2）进入“出库管理”模块，查看订单信息列表，确定有待出库的订单信息。

（3）选择订单信息，自动生成出库单信息如图 5－7 所示。

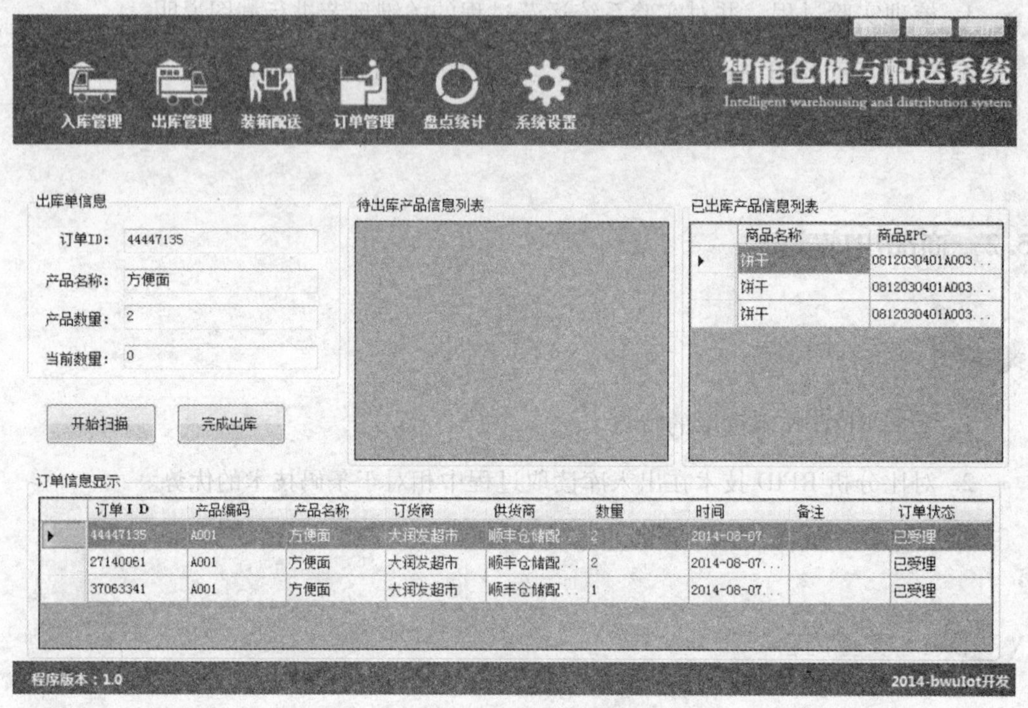

图 5－7　出库订单查看

2. 根据入库单，利用 RFID 技术进行出库信息核对，完成出库操作。

（1）点击“开始扫描”按钮，利用 RFID 技术核对待出库产品信息，待出库的订单出现在“待出库产品信息列表”中，如图 5－8 所示。

（2）完成所有产品扫描后，点击“停止扫描”，然后点击“完成出库”按钮，完成商品出库操作，此时产品从“待出库产品信息列表”中转到“已出库产品信息列表”里，即出库完成，如图 5－9 所示。

梳理实验过程，并对实验系统运营过程的关键环节进行截图说明。

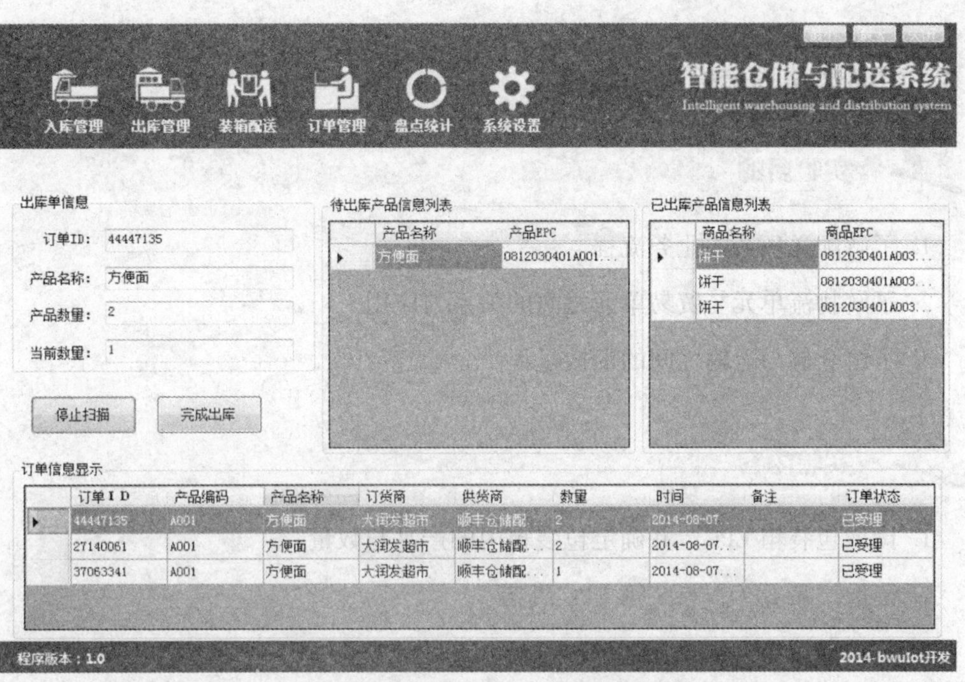

图5－8　待出库产品出现在“待出库产品信息列表”

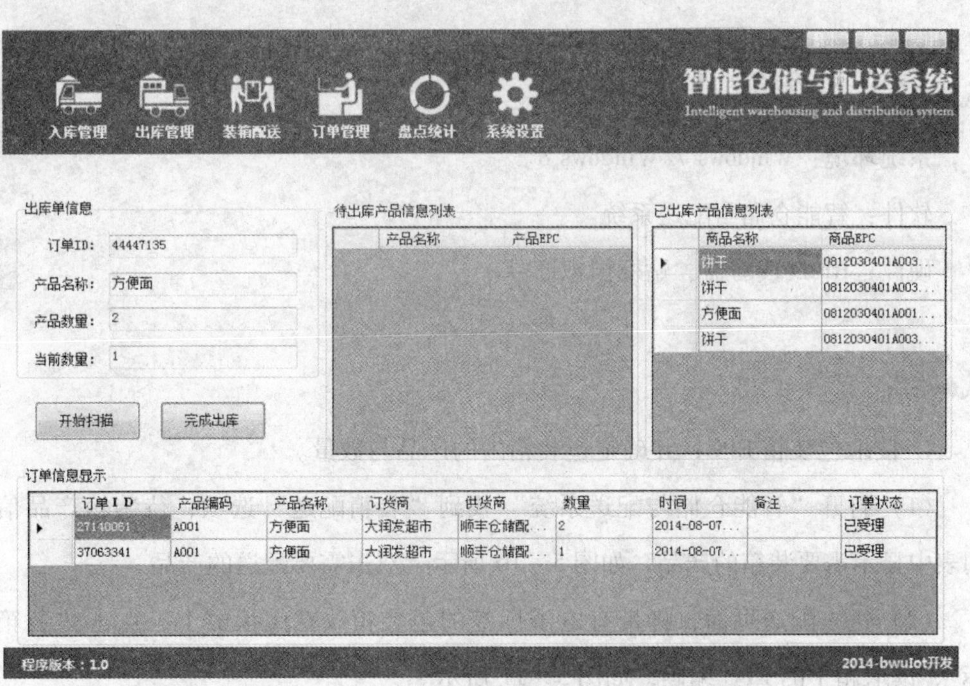

图5－9　出库产品出现在“已出库产品信息列表”

说明：此处扫描到的商品是在生产环节已出库发货的商品，读写器扫描的其他商品则自动过滤掉。

5.3 商品装箱与运输绑定实验

实验目的

1. 了解配送环节的业务流程。

2. 了解物流单元与贸易单元之间的关系与应用。

3. 了解仓储与运输之间的衔接过程。

实验内容

1. 读取包装箱 EPC，并确定包装箱内的产品与数量。

2. 读取产品 EPC，与装箱 EPC 绑定。

3. 将包装箱 EPC 与车辆 EPC 进行绑定操作。

4. 生成详细配送单。

实验环境

系统环境：Windows 7/Windows 8。

软件：智能仓储与配送系统。

硬件：RFID 读写器、贴标模拟商品。

实验步骤

1. 读取包装箱 EPC，并确定包装箱内的产品与数量。

（1）打开“智能仓储与配送系统”找到“装箱配送”选项，待装箱产品信息列表中显示需要装箱的产品，如图 5 - 10 所示，双击需要配送的产品。

（2）进入配送页面，将带有电子标签的包装箱放在阅读器上，点击“装箱贴标”，读取箱子的 EPC 编码，如图 5 - 11 所示。

2. 读取产品 EPC，与装箱 EPC 绑定。

（1）点击“开始扫描”，将产品放在阅读器上读取产品编码后，再将其放入包

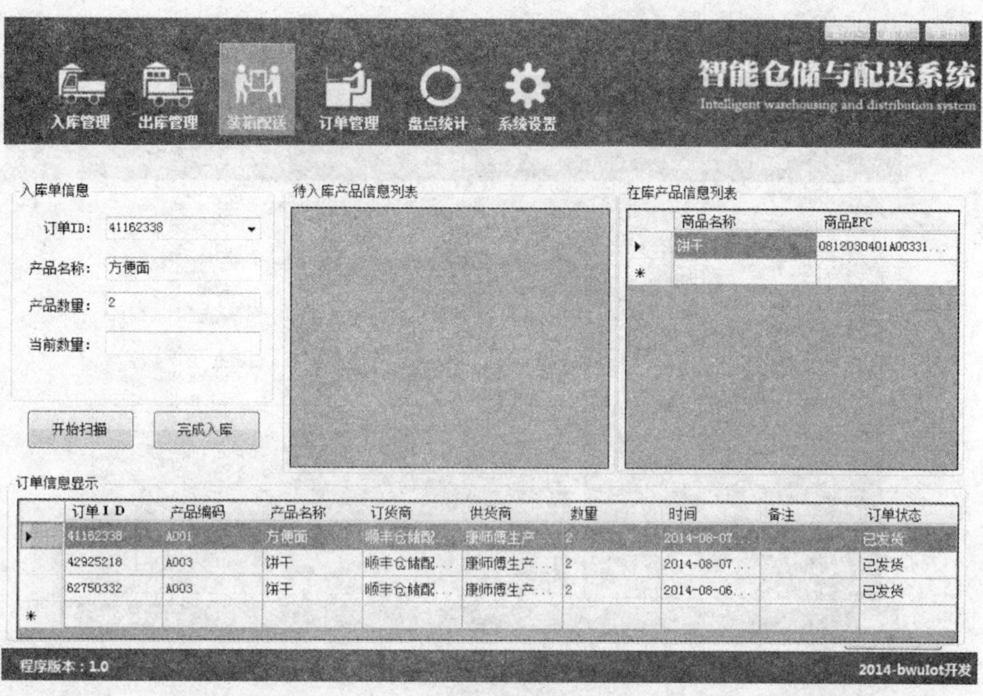

图 5-10　装箱产品订单选择

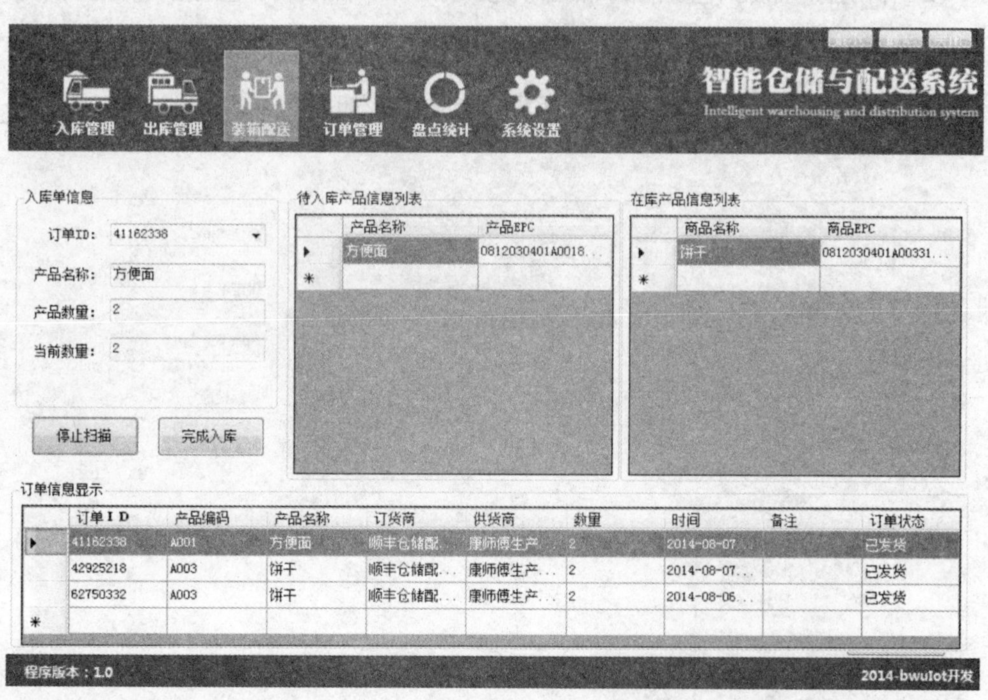

图 5-11　装箱 EPC 编码扫描

装箱。“已装箱产品信息列表”会出现放入产品的信息，如图5－12所示。

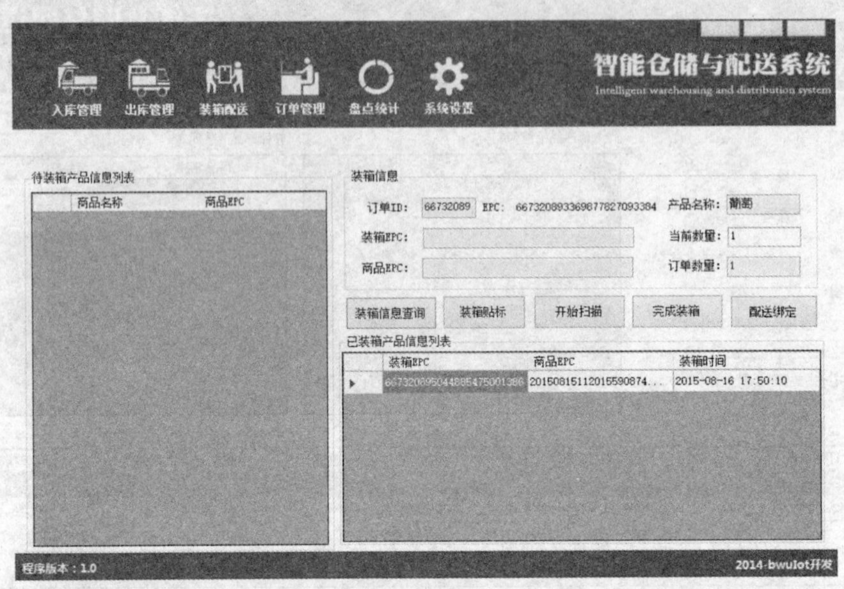

图5－12　装箱产品出现在“已装箱产品信息列表”

（2）待所有产品放入包装箱后，点击“完成装箱”，产品EPC和包装箱EPC完成绑定。

3. 将包装箱EPC与车辆EPC进行绑定操作。

（1）点击“配送绑定”，弹出配送绑定对话框，如图5－13所示。

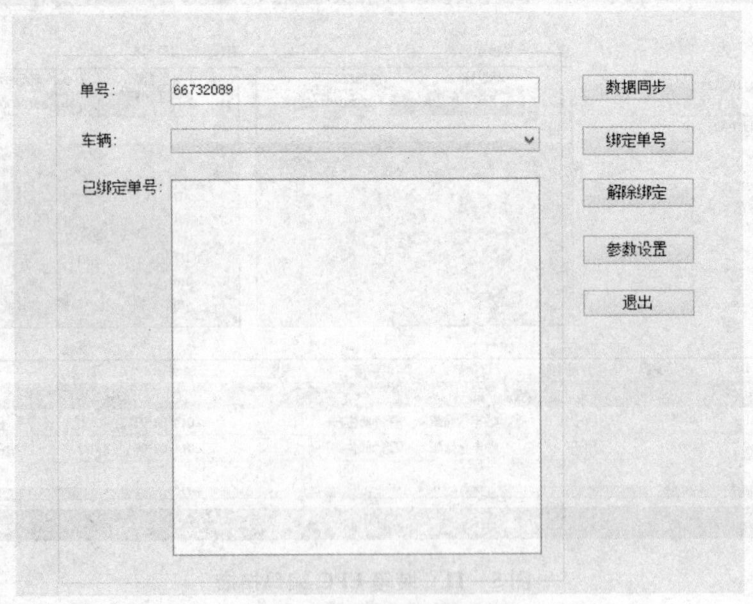

图5－13　配送绑定选择

（2）要进行参数设置，打开参数设置选项，如图 5－14 所示，输入正确的参数地址和用户识别，点击确定。

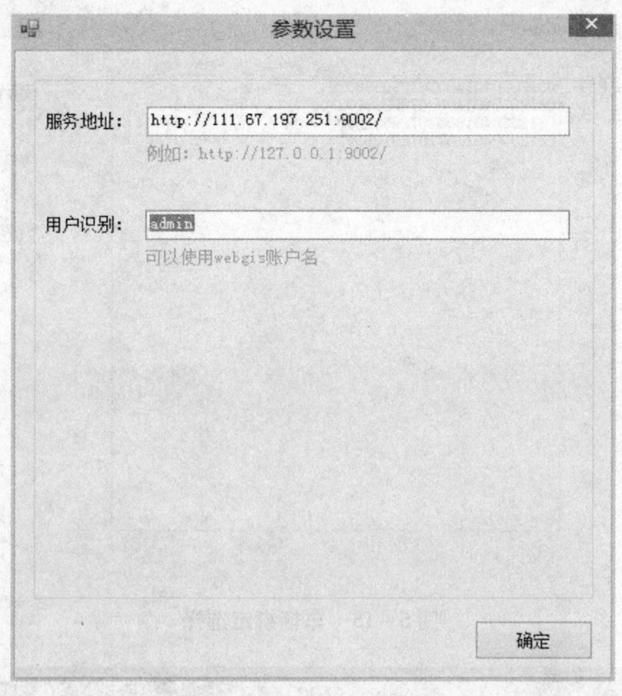

图 5－14　参数设置填写框

（3）点击“数据同步”，服务器端的车辆信息将会显示在“车辆”一栏，选择所要绑定的车辆名称，如图 5－15 所示。

（4）选择需要绑定的车辆名称后，“已绑定单号”显示该车辆已经绑定的单号。点击“绑定单号”，当下单号将和该车辆完成绑定，单号信息显示在“已绑定单号”中。出现“绑定成功”对话框即绑定成功，如图 5－16 所示。

实验报告

1. 梳理实验过程，并对实验系统运营过程的关键环节进行截图说明。

2. 分析商品在流通过程单位的转换过程。

3. 分析如何将产品的相关信息关联起来（如通过订单查询车辆、通过车辆查询包装、通过包装查询商品）。

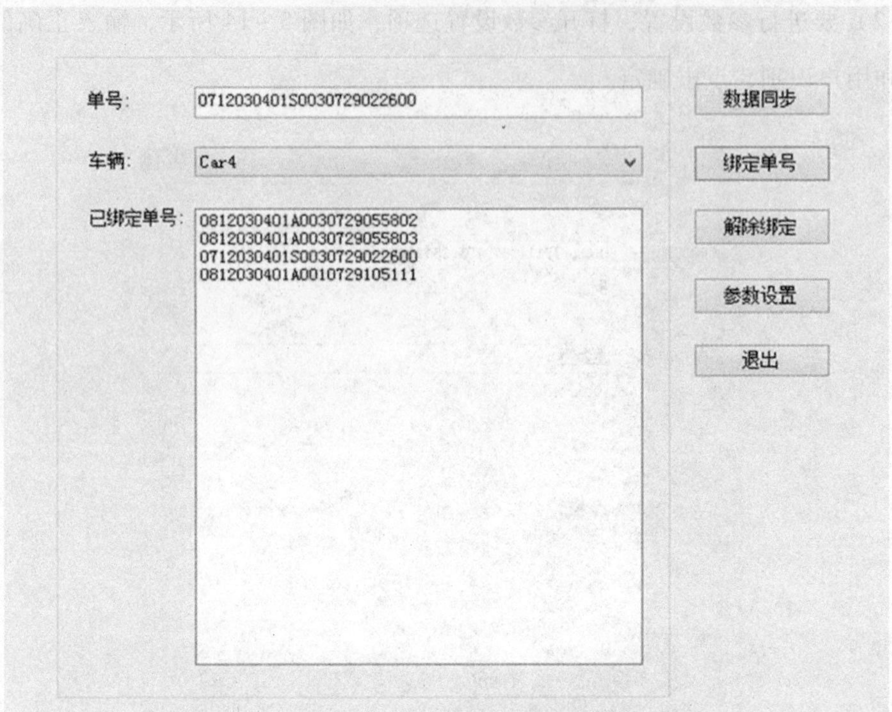

图 5－15　车辆绑定选择

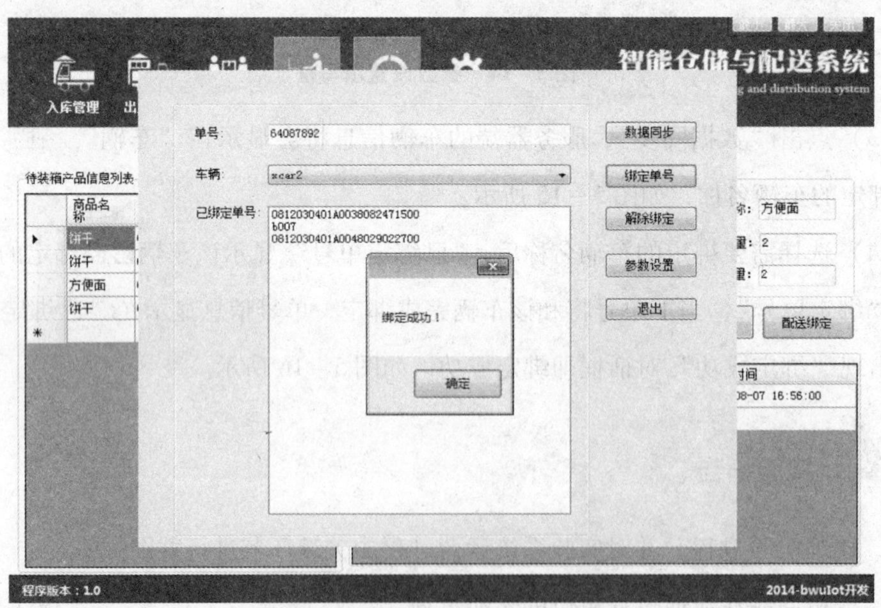

图 5－16　车辆绑定成功显示框

说明：记住绑定的订单号，后面实验可以利用订单号对运输状态下的产品进行监控。

6 基于 WebGIS 的 GPS 智能监控系统实训

6.1 车辆位置监控实验

实验目的

1. 了解车辆定位系统的原理。

2. 学会使用软件平台实现对车辆位置的监控。

3. 了解实时车辆监控的管理方法。

实验内容

1. 使用 WebGIS 系统，通过登录界面的二维码获取车载客户端的连接，并选择车辆。

2. 登录 WebGIS 系统，选择车辆，并监控车辆的实时位置及周边地理环境信息。

实验环境

系统环境：Windows 7/Windows 8。

软件：WebGIS 运输监控平台、Chrome 浏览器。

硬件：内嵌通信功能的 GPS 定位车载终端（车载终端）。

相关知识

WebGIS 运输监控平台

WebGIS 运输监控平台主要涉及 GPS 技术以及 GIS 技术，GPS 定位的基本原理是根据高速运动的卫星瞬间位置作为已知的起算数据，采用空间距离后方交会的方法，确定待测点的位置。而 GIS 是以地理空间数据库为基础，在计算机软硬件的支持下，运用系统工程和信息科学的理论，科学管理和综合分析具有空间内涵的地理数据，以提供管理、决策等所需信息的技术系统。

GPS 与 GIS 在一定程度上是不可分割的，只有 GIS 的存在，用户才能在上位机看到直观的位置与各种地理信息，只有 GPS 的存在，才能够获取用户的位置信息，在智能运输系统，以手机为定位端，通过 GPRS 数据传输模式，传输到接收服务器中，后台管理系统通过接收服务器的数据，获取 GPS 数据，并通过 GIS 进行显示，如图 6 – 1 所示。

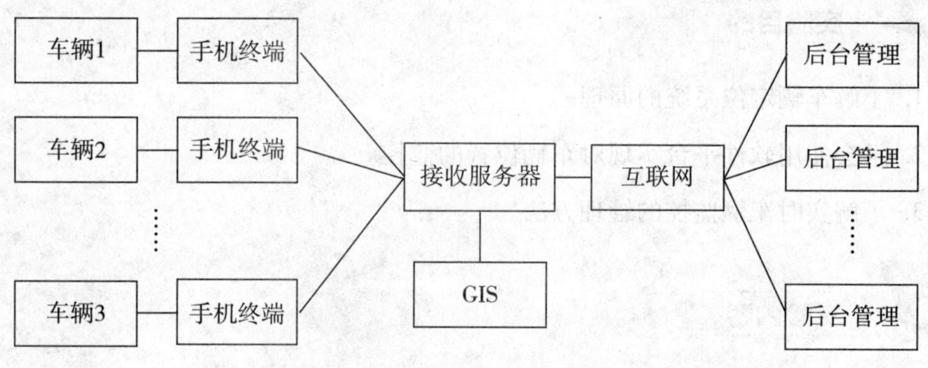

图 6 – 1　智能运输定位系统结构

车载终端确定车辆的空间坐标信息，将位置信息发送至 Web 服务器，通过 WebGIS 确定车辆所在坐标的地理环境信息，后台管理系统通过这些位置数据可以进行相应的监控与管理。

针对在途车辆的状态监控系统应用了无线传感技术，在车厢内部、车胎等位置布控各类传感器，如温湿度传感器、胎压传感器等，通过 ZigBee 技术将车辆状态信息传递到车载终端，并运用 GPRS 技术将车辆环境信息等状态数据传输至网络服务器，实现对车辆状态的实时监控，如图 6 – 2 所示。

车载终端不仅仅接受车辆位置信息数据、车辆环境信息数据，还通过车载的 RFID 天线识别司机以及车辆的 EPC 编码，并将 GPS 数据、环境数据以及车辆人员 EPC 等数据一并通过 GPRS 发送至网络服务器，不仅实现车辆的位置监控、车载环境监控，还能根据车辆 EPC 提供车载商品的追溯与管理。

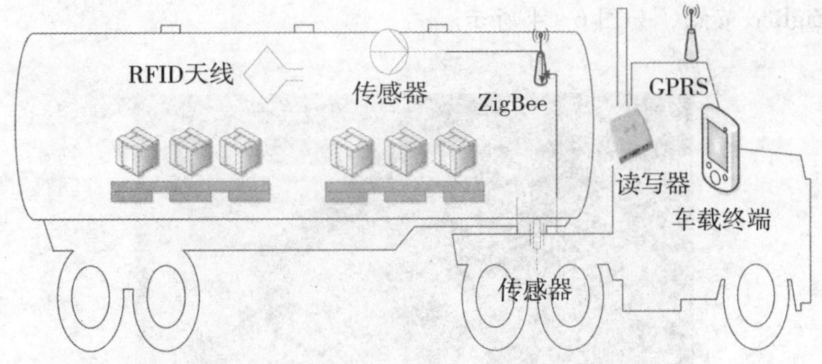

图 6-2 车辆状态监控系统示意

智能运输系统所涉及的硬件设备包括：

（1）车载 GPS 终端，如图 6-3 所示。

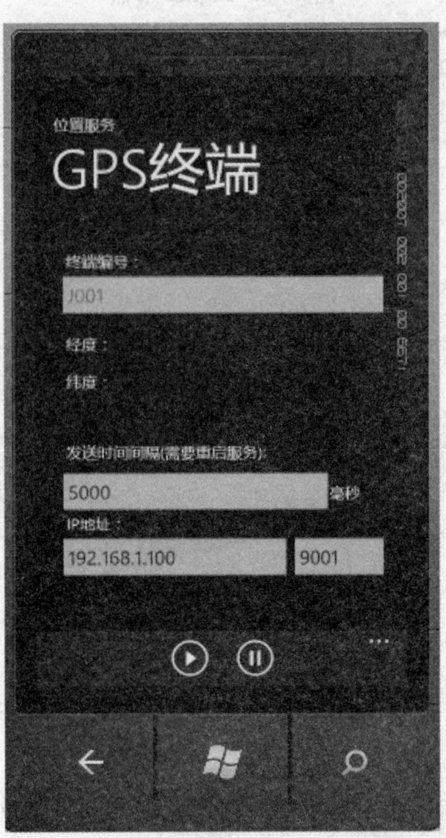

图 6-3 车载 GPS 终端

（2）ZigBee 节点，如图 6－4 所示。

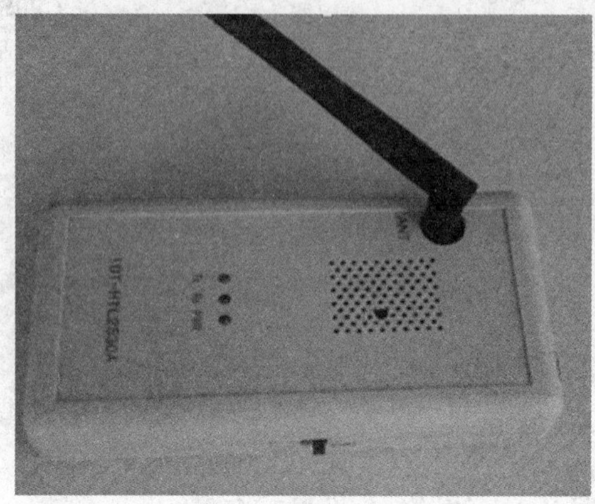

图 6－4　ZigBee 节点

（3）RFID 天线/读写器，如图 6－5 所示。

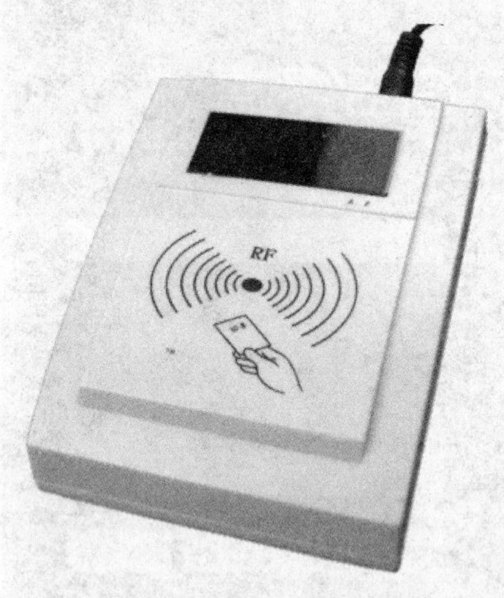

图 6－5　RFID 读写器

1. 登录 WebGIS 平台系统，注册新用户（用户名为姓名＋运输公司名称，账号为姓名全拼＋学号后四位）。

（1）打开车辆管理系统，输入管理员账号“admin”以及密码“111”，进入系统，如图 6－6 所示。

图 6－6　登录界面

（2）在进行车辆管理之前首先要对用户进行用户注册，点击“用户管理”—“增加”，然后写入所需要参加管理的公司的账号（用于登录系统）和其他的用户信息，如图 6－7 所示。

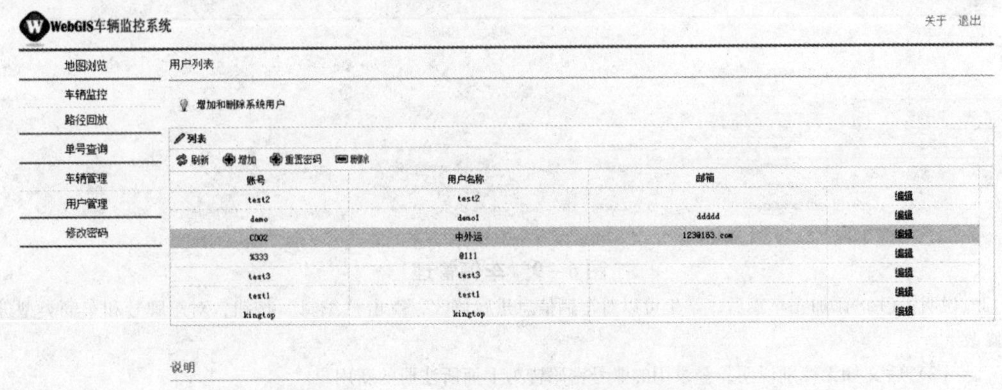

图 6－7　车辆监控系统用户管理列表

2. 修改用户密码。

（1）在用户添加以后，点击“退出”，此时退出管理员系统，学生可以用在上一步骤中注册的账号重新进入车辆管理系统。

（2）登录系统，此时的默认系统登录密码“123”，学生可以在这个管理系统中点击“修改密码”，进行密码修改，如图 6－8 所示。

3. 修改密码后，需用该账号重新登录。并添加三辆汽车（车牌号为学号＋两位

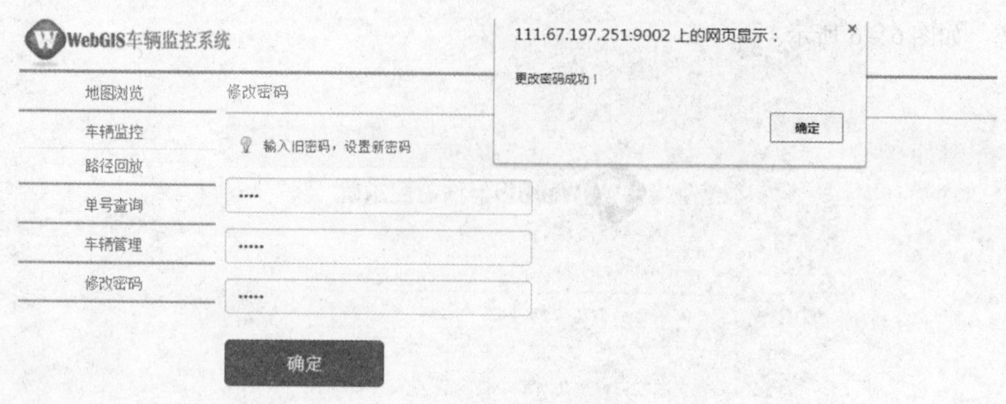

图 6-8　用户修改密码

流水号)。

(1) 退出登录界面，使用上一步骤中新注册的账号进行重新登录。

(2) 登录后，点击“车辆管理”—“增加”，按照（车牌号为学号 + 两位流水号）的原则，由学生添加三个车辆，添加后的结果如图 6-9 所示。

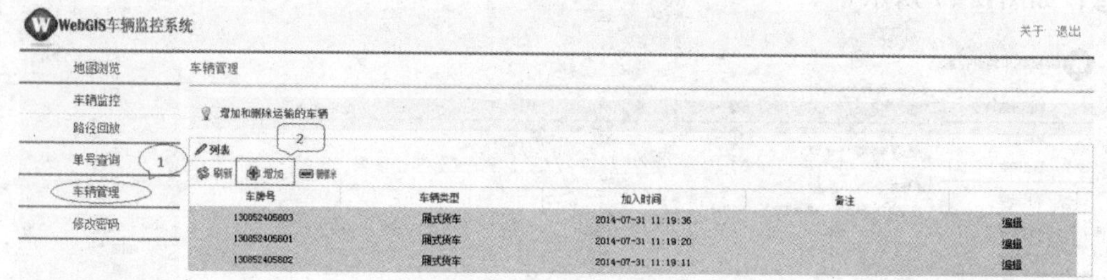

图 6-9　车辆管理

说明：(1) 添加完车辆后，学生可以对车辆信息进行修改，点击“编辑”按钮，对车牌号和车辆类型进行修改。

(2) 后文如无特别说明，登录用的账号密码皆为上面所注册的新用户。

4. 使用 WebGIS 系统，通过登录界面的二维码获取车载客户端的连接登录，并选择车辆。

(1) 打开登录页面，使用手机扫描二维码获取车辆监控客户端的连接，进入选择车辆页面，如图 6-10 所示。

(2) 点击所需车辆进入位置上传界面，保持该界面打开状态，位置数据会自动上传服务器，如图 6-11 所示。

5. 登录 WebGIS 系统，选择车辆，并监控车辆的实时位置，及周边地理环境信息。

图 6－10　移动终端登录二维码

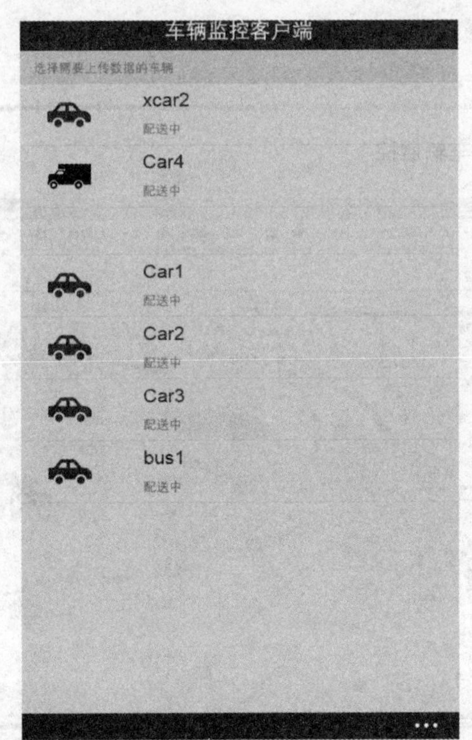

图 6－11　移动终端车辆选择与位置数据上传

（1）打开登录页面，登录 WebGIS 系统。

（2）选择“车辆监控”，在“车辆列表”里选择所要监控的车辆。

（3）选择“开始监控”，进行车辆的监控，如图 6－12 所示，车辆的位置会根据“车辆监控客户端”传回的位置信息实时显示在地图上，如图 6－13 所示。

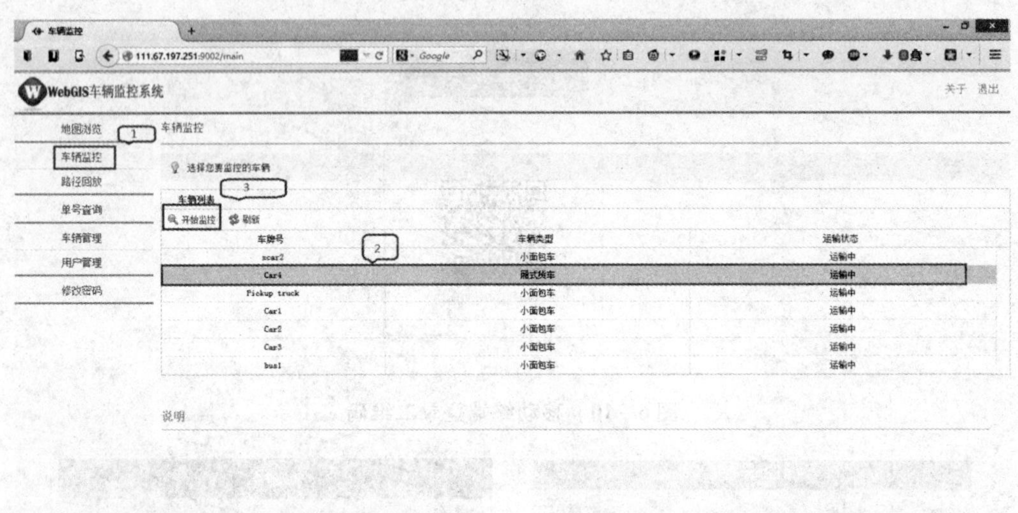

图 6－12 车辆监控

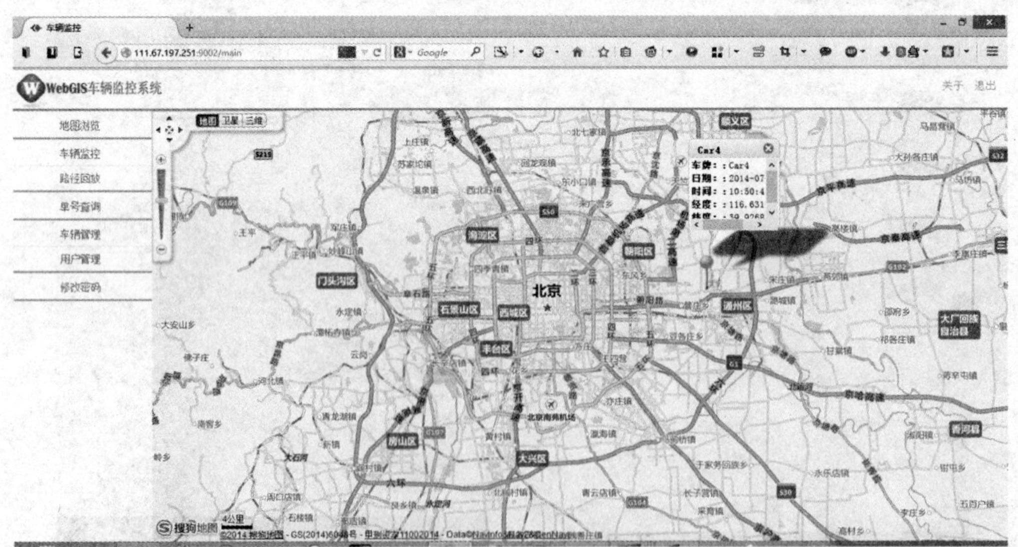

图 6－13 被监控的车辆信息

实验报告

1. 梳理实验过程，并对实验系统运营过程的关键环节进行截图说明。

2. 分析系统的架构。

3. 分析本系统中 GIS 与 GPS 如何结合应用，主要解决什么问题。

6.2 在途商品监控实验

实验目的

1. 了解在途产品监控的原理与方法。

2. 学会对运输过程中的产品进行实时监控与管理。

3. 加深对智能物流系统全程化管理思想的认识。

实验内容

1. 登录 WebGIS 系统，利用产品装箱 EPC 查询该产品当前的位置。

2. 通过车载客户端扫描 WebGIS 系统登录界面的二维码获取车载客户端的连接登录，选择模拟车辆并上传定位数据。

3. 查询该产品对应的运输车辆信息以及车辆在指定时间的运行轨迹。

实验环境

系统环境：Windows 7/Windows 8。

软件：WebGIS 运输监控平台、Chrome 浏览器。

硬件：内嵌通信功能的 GPS 定位车载终端。

实验步骤

1. 登录 WebGIS 系统，利用产品装箱 EPC 查询该产品当前的位置。

（1）打开登录页面，登录 WebGIS 平台系统。

（2）选择“单号查询”，在“列表”里选择所要查询的单号，如图 6－14 所示。

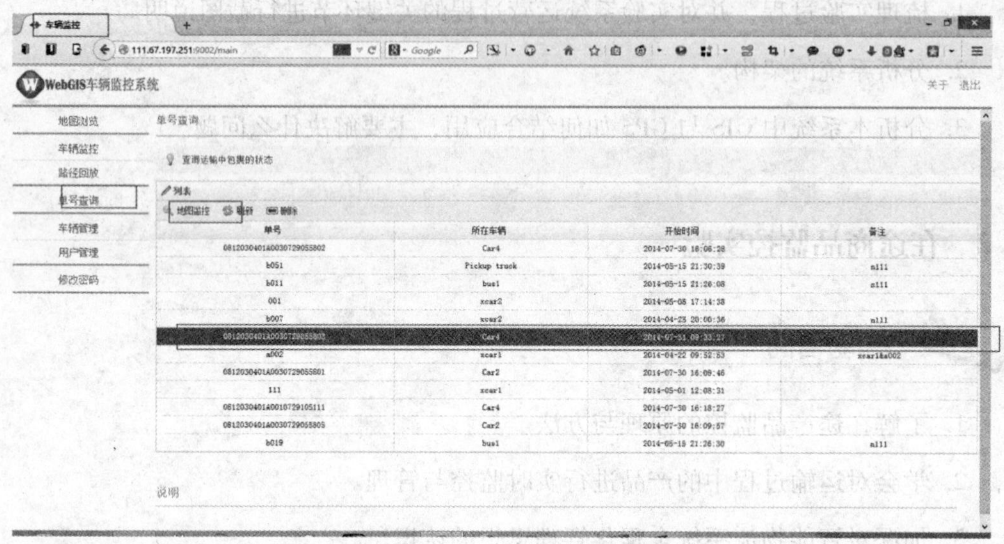

图 6－14　单号查询

（3）选择“地图监控”，进行单号位置的查询，车辆的位置会根据“车辆监控客户端”传回的位置信息实时显示在地图上，如图 6－15 所示。

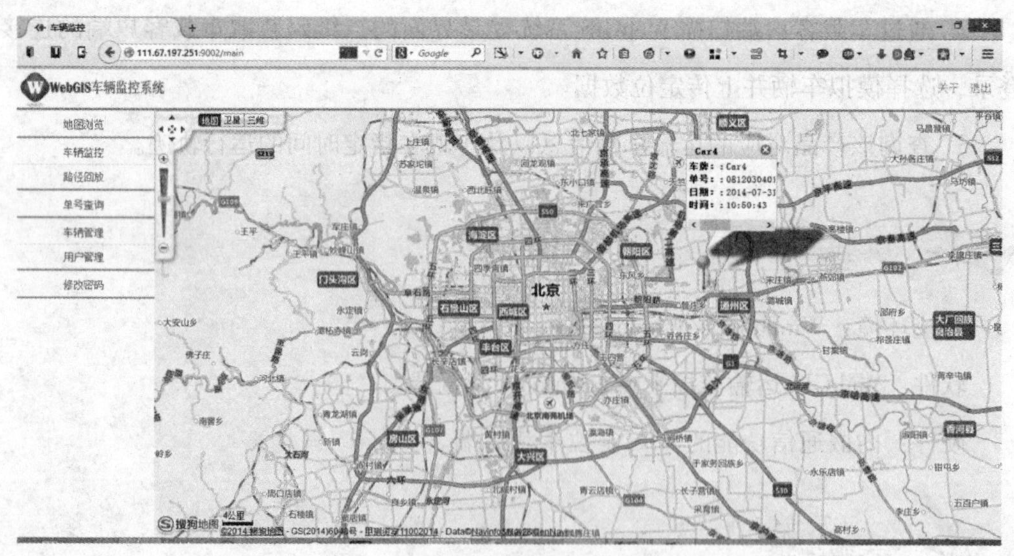

图 6－15　单号监控

2. 通过车载客户端扫描 WebGIS 系统登录界面的二维码获取车载客户端的连接登录，选择模拟车辆并上传定位数据。

（1）打开登录页面，使用手机扫描二维码获取车辆监控客户端的连接，进入选择车辆页面。

（2）点击所需车辆进入位置上传界面，保持该界面打开状态，位置数据会自动上传服务器。

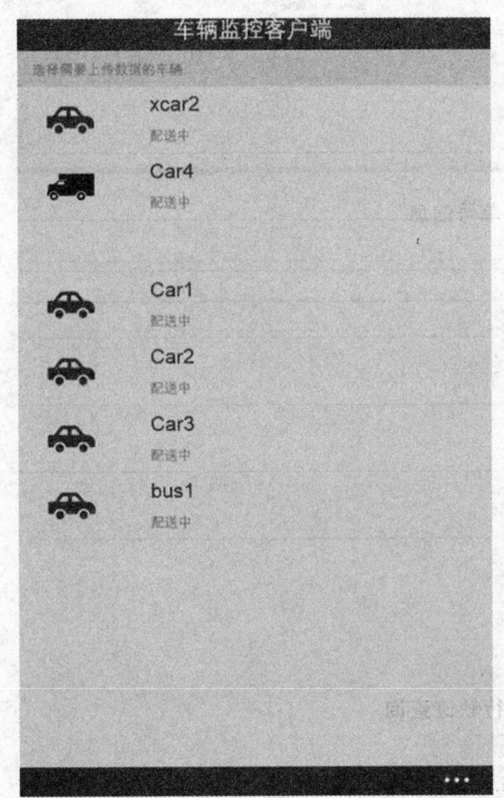

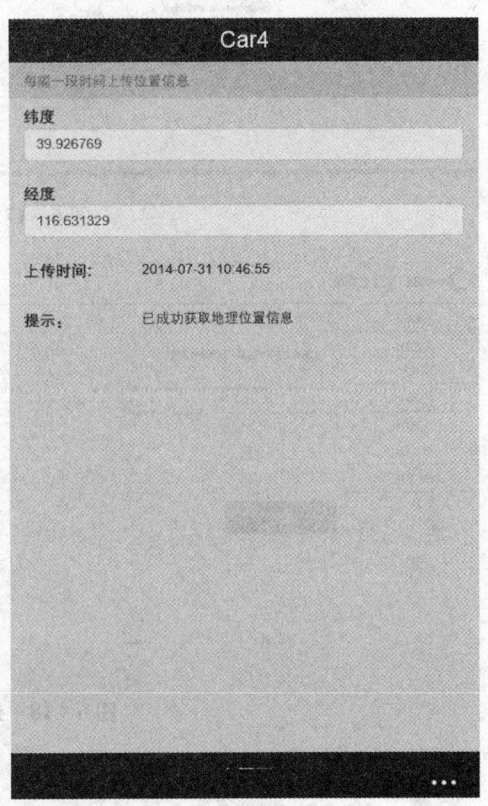

图 6－16　移动终端地理信息上传

3. 查询该产品对应的运输车辆信息以及车辆在指定时间的运行轨迹。

（1）选择“单号查询”，在“列表”里选择所要查询的单号，并找到对应的车辆信息（该单号所在车辆），如图 6－17 所示。

（2）点击“路径回放”，选择刚才查到的车辆的信息，选择所要查询的时间段，点击“确定”进行车辆的运行轨迹查询，如图 6－18 所示。

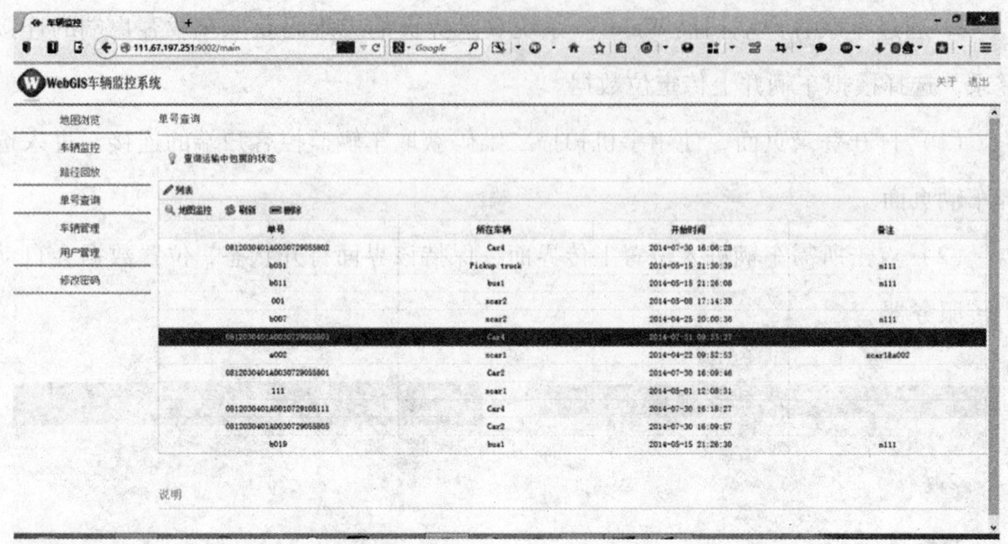

图 6－17　单号信息

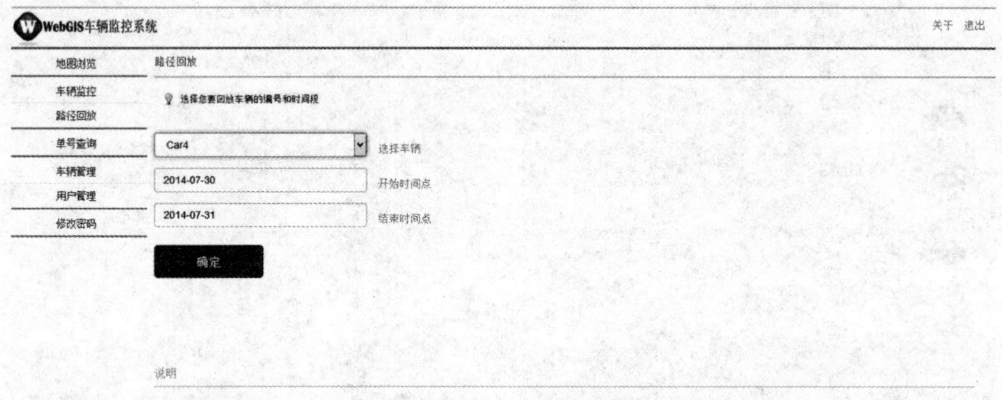

图 6－18　运行轨迹查询

实验报告

1. 梳理实验过程，并对实验系统运营过程的关键环节进行截图说明。
2. 分析商品与车辆之间的对应关系以及如何实现商品的追踪。
3. 分析本系统中 GIS 与 GPS 结合应用时存在的问题，并说明如何改善。

7 智能超市后台管理系统实训

7.1 超市商品入库与盘点实验

实验目的

1. 了解 RFID 技术在智能出入库过程中的应用。

2. 了解产品由物流单元转换成贸易单元的过程。

3. 了解 RFID 技术在超市管理中的应用。

实验内容

1. 在超市后台管理系统中，查看供货商已发货的订单信息。

2. 根据发货的订单信息生成入库单（系统自动生成）。

3. 对到货商品进行入库。

4. 入库后对超市库存进行盘点统计。

实验环境

系统环境：Windows 7/Windows 8。

软件：智能超市后台管理系统。

硬件：RFID 读写器、贴标模拟商品。

实验步骤

1. 在超市后台管理系统中，查看供货商已发货的订单信息。

（1）打开超市后台管理系统，确认读写器连接正常及系统设置正确。

（2）进入订单管理页面，根据“订单状态”查询供应商已发货的信息。

点开“状态查询”，选择所要查询的订单的状态。处于该状态的订单会显示在“订单信息显示”里。订单管理界面如图 7－1 所示。

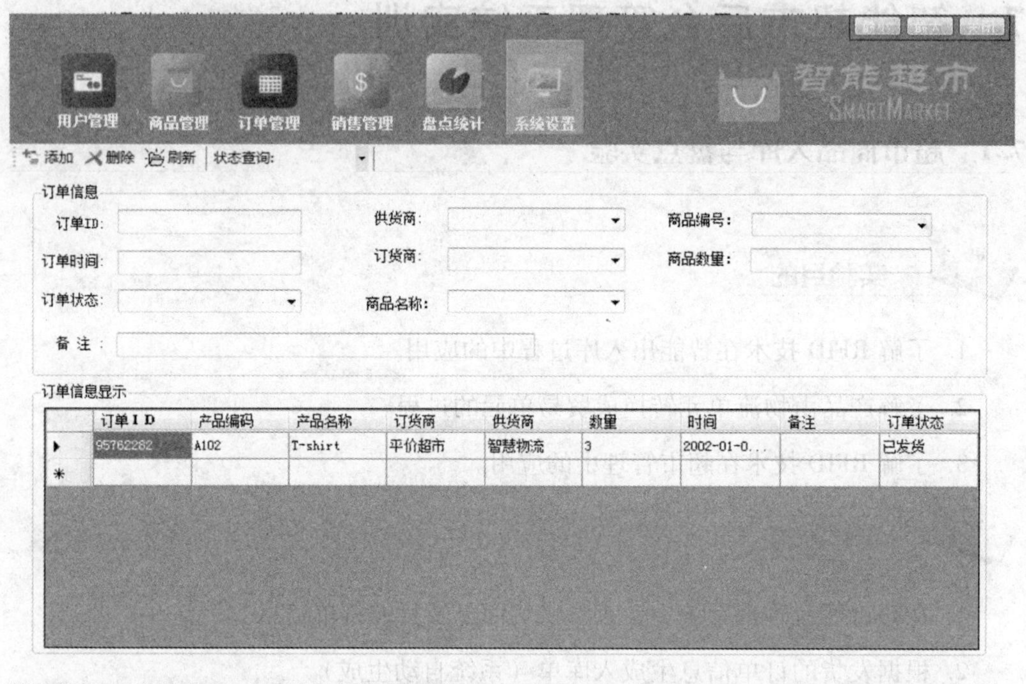

图 7－1　订单管理界面

2. 根据发货的订单信息生成入库单（系统自动生成）。

3. 对到货商品进行入库。

（1）点击“商品管理”中的“添加”按钮，填写生产公司、商品名称、编码信息、商品单价、所属类别、位置信息、图片及折扣信息（折扣范围 1～9），填好之后点击保存，若成功，可在界面下方表格中查看，如图 7－2 所示。

（2）打开“商品管理”页面中的“签收入库”菜单，如图 7－3 所示，选择订单列表中的订单，如图 7－4 所示，双击该订单，生成入库单，并弹出入库对话框。

（3）根据入库单信息，准备模拟商品。

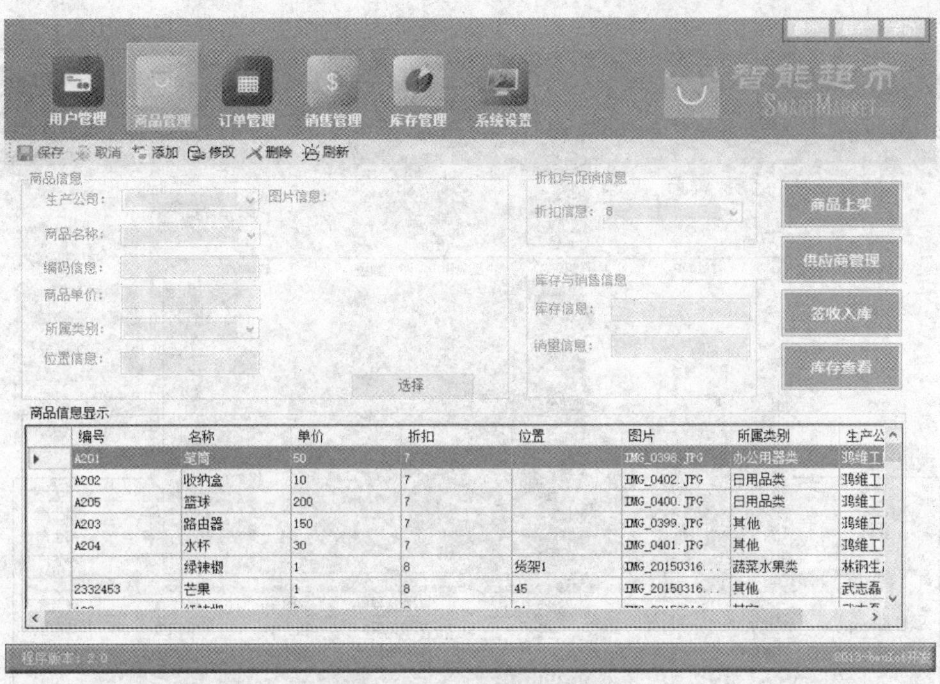

图 7－2 商品分类界面

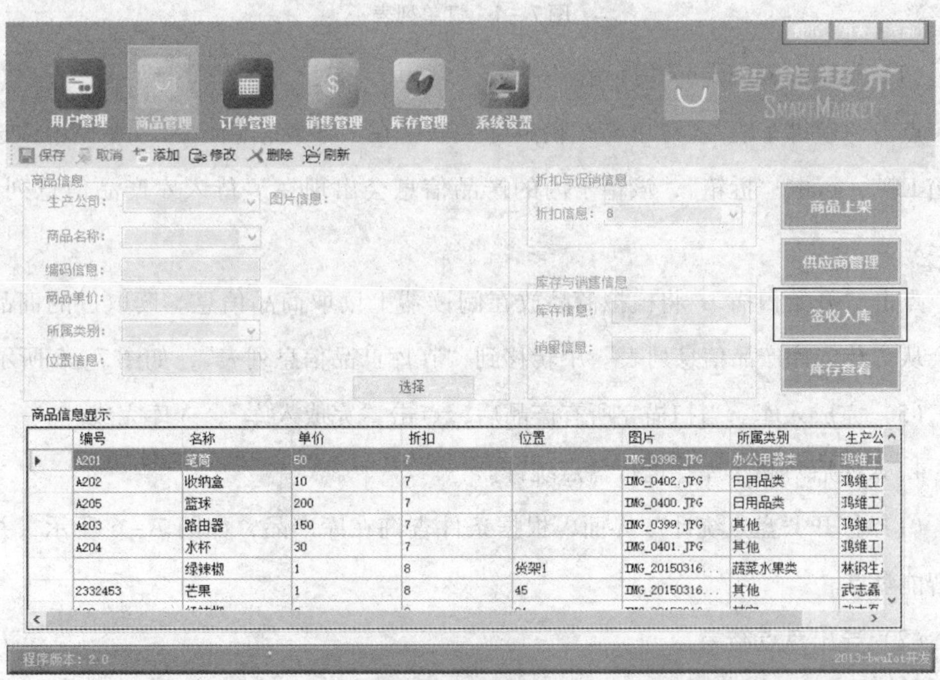

图 7－3 商品管理界面

图 7-4　订单列表

（4）解除车辆绑定，并拆箱。

点击“解绑车辆”，订单与车辆解除关联，在“装箱信息显示”一栏中，选择装箱 EPC，点击“拆箱”，该箱子内的产品信息会出现在“待入库产品信息列表”一栏。

点击“开始扫描”，将模拟商品放在阅读器上读取商品信息。读取过的商品信息会从“待入库产品信息列表”中转移到“在库产品信息列表”，如图 7-5 所示。

（5）完成入库。当扫描完所有产品后，点击“完成入库”，入库完成。

4. 入库后对超市库存进行盘点统计。

（1）打开“盘点统计”界面，根据条件查询在库产品，如图 7-6 所示，并开始智能盘点。

（2）导出盘点结果。

（3）分析盘点结果。点击右下角的“盘点统计”，弹出显示统计信息，如图 7-7所示。

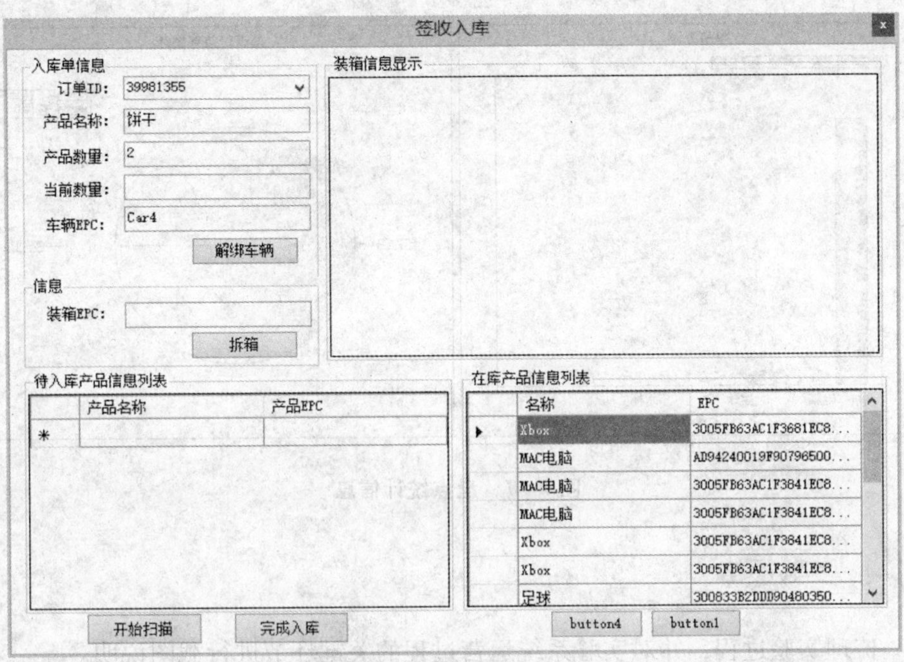

图 7－5　签收入库

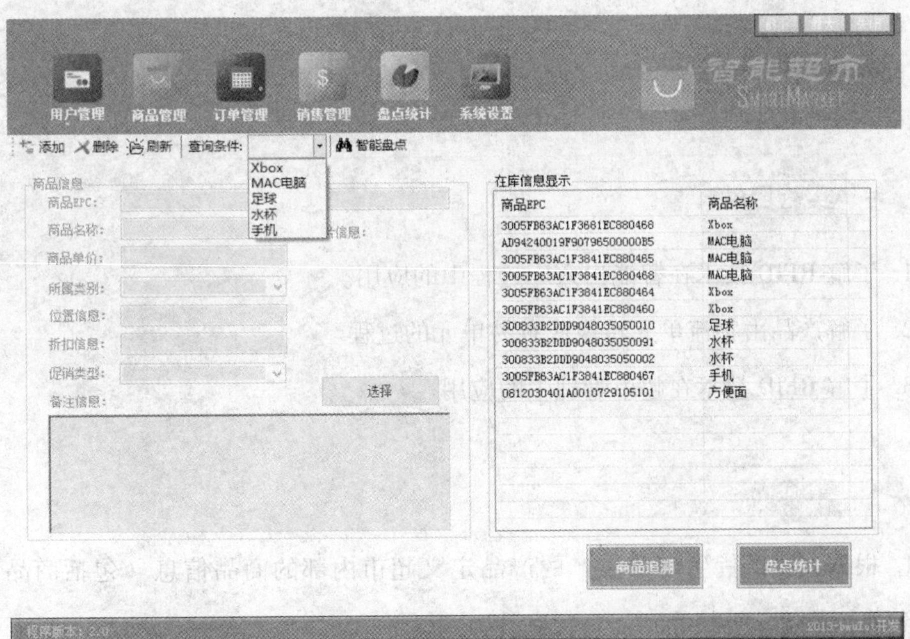

图 7－6　根据条件查询在库产品

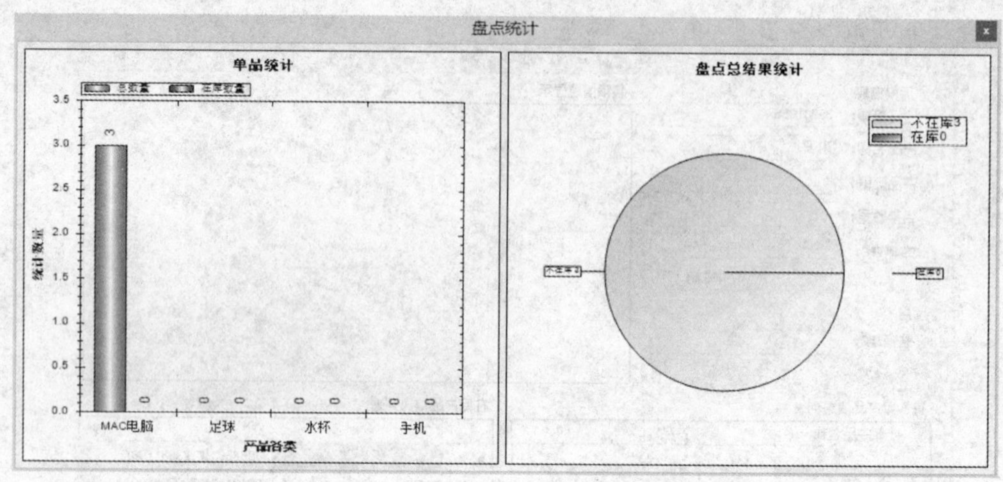

图 7－7　盘点统计信息

1. 梳理实验过程，并对实验系统运营过程的关键环节进行截图说明。

2. 分析超市管理过程中应用 RFID 技术的优势。

7.2　商品管理实验

1. 了解 RFID 技术在智能出入库过程中的应用。

2. 了解产品由物流单元转换成贸易单元的过程。

3. 了解 RFID 技术在超市管理中的应用。

1. 根据上游供货生产商生产的产品定义超市内部的商品信息（包括商品的编码、名称、单价、折扣等）。

2. 对商品信息进行维护，包括修改删除。

实验环境

系统环境：Windows 7/Windows 8。

软件：智能超市后台管理系统。

硬件：RFID 读写器、贴标模拟商品。

实验步骤

1. 根据上游供货生产商生产的产品定义超市内部的商品信息。

（1）打开商品管理，明确上游供应商提供的产品。

（2）根据超市内部产品管理要求，定义商品信息，如图 7－8 所示。

（3）进行产品信息核对。

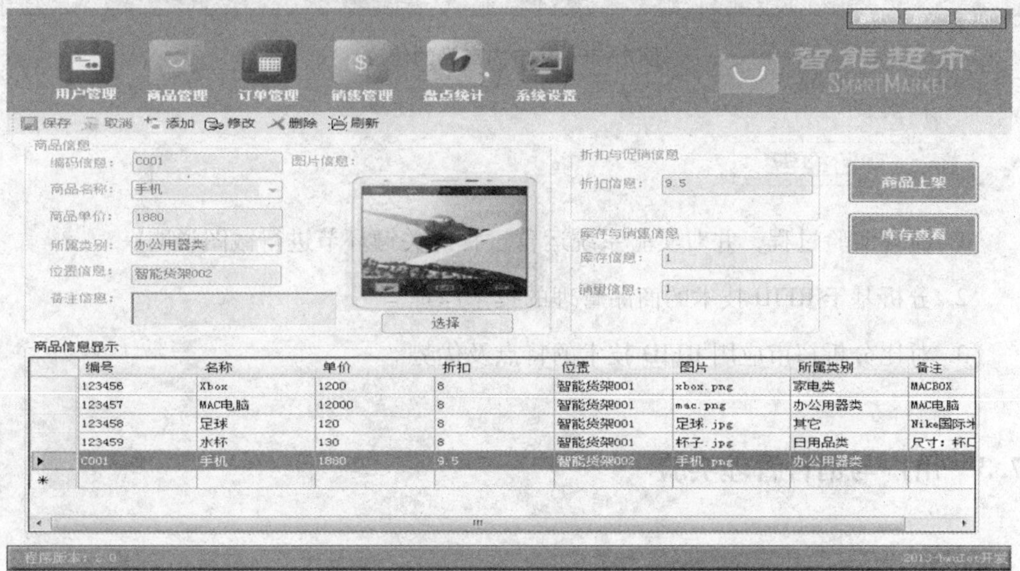

图 7－8　超市内商品的定义

2. 对商品信息进行维护，包括修改和删除。

（1）打开商品管理，查询信息需要被修改或删除的产品。

（2）对模拟产品进行信息修改，产品信息删除。如图 7－9 所示。

（3）核对以上产品信息修改结果。

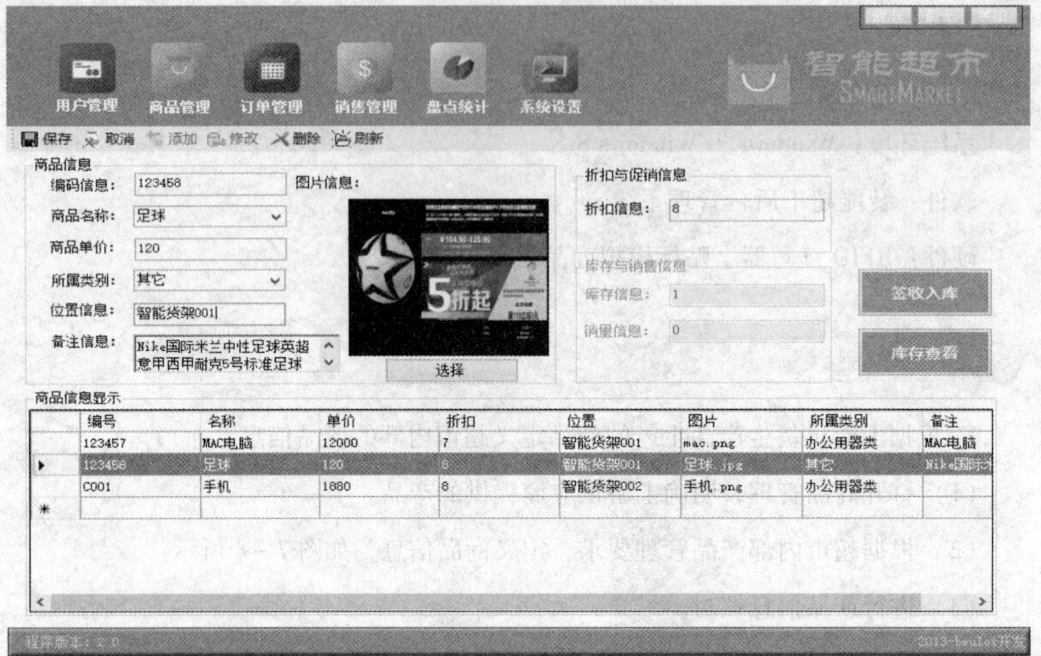

图 7－9 超市内商品的修改

1. 梳理实验过程，并对实验系统运营过程的关键环节进行截图说明。
2. 分析基于 RFID 技术的商品管理的技术原理。
3. 对比分析超市应用 RFID 技术的特点及优势。

7.3 用户与销售管理实验

1. 了解 RFID 技术在超市用户管理过程中的应用。
2. 进一步了解掌握 RFID 技术在管理过程中的优势。
3. 了解用户与销售数据在零售企业中的重要意义。

实验内容

1. 完成对用户信息的添加操作，并对用户的信息进行维护（用户注册过程中，用户名以真实姓名命名，用户 EPC 末位为学号）。

2. 根据销售历史，对消费者行为进行分析。

实验环境

系统环境：Windows 7/Windows 8。

软件：智能超市后台管理系统。

硬件：RFID 读写器、贴标模拟商品。

实验步骤

1. 完成对用户信息的添加修改删除等操作。

（1）打开用户管理系统，并确认读写器连接正常及系统设置正确。

（2）点击“添加”工具，弹出 EPC 读取对话框，读取用户 EPC 编码并完成用户信息录入，如图 7－10 所示。

（3）确认需修改信息用户，双击“用户信息显示”列表中对应用户。使用工具栏相应功能，进行修改、删除操作，如图 7－11 所示。

（4）对已注册的用户，点击“用户充值”，弹出充值对话框，点击“读取用户”进行刷卡识别，输入充值金额后进行用户充值，如图 7－12 所示。

2. 根据销售历史，进行销售管理分析。

（1）进入“销售管理”界面，选择某一时间段内销售的产品。双击“销售历史”中的某一列，查看商品信息，如图 7－13 所示。

（2）点击“销售统计”进入销售统计界面，获取相应的销售信息，如图 7－14 所示。

（3）根据系统产生的销售统计结果，进行销售分析。

图 7－10　扫描用户 EPC 编码

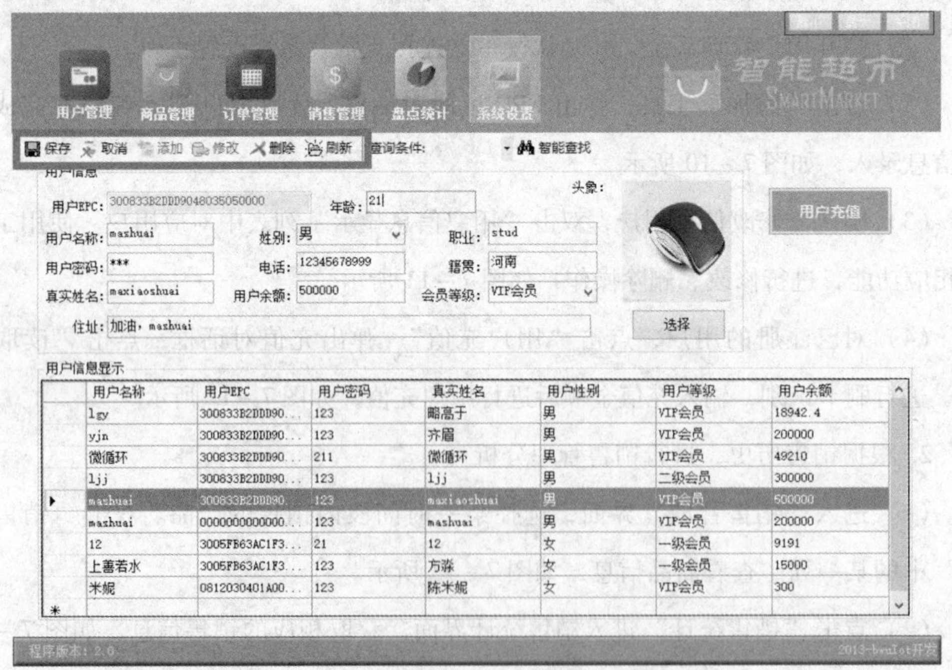

图 7－11　用户信息的修改

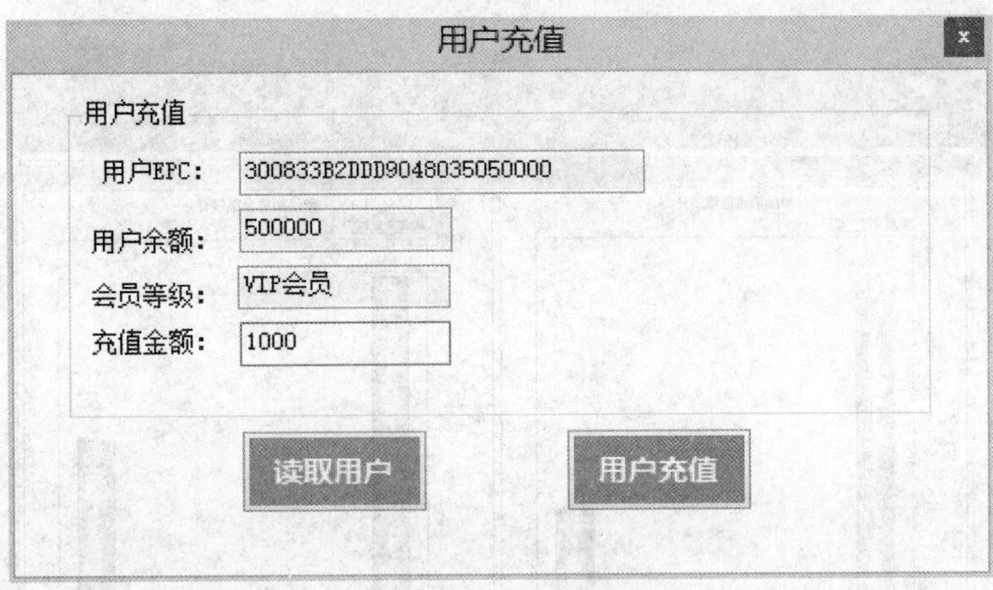

图 7－12　用户充值

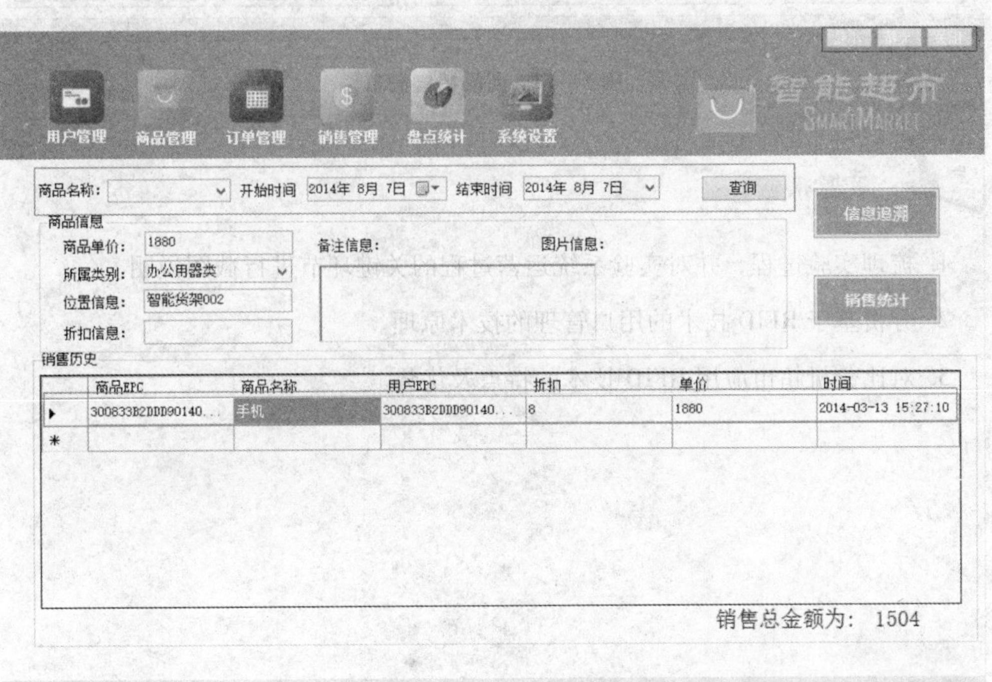

图 7－13　销售商品查询

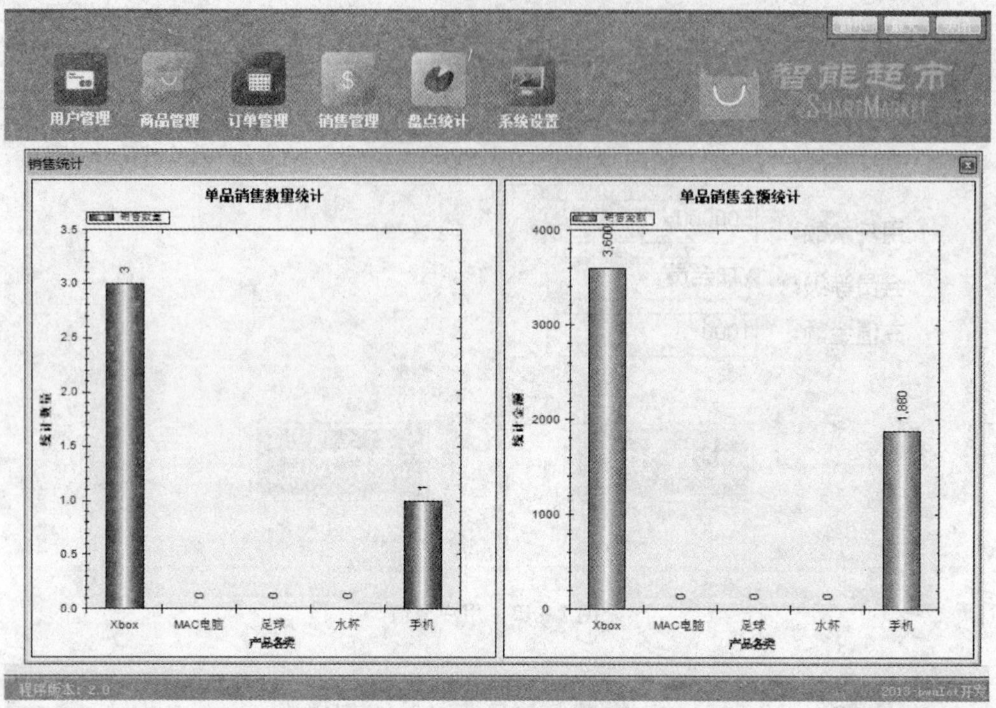

图 7-14 商品销售信息

1. 梳理实验过程，并对实验系统运营过程的关键环节进行截图说明。
2. 分析基于 RFID 技术的用户管理的技术原理。
3. 对比分析超市应用 RFID 技术的特点及优势。

8 智能超市前台管理系统实训

8.1 智能货架实验

实验目的

1. 了解产品销售的业务流程。

2. 了解 RFID 技术在智能货架中的技术原理及 RFID 在零售过程中的优势。

实验内容

1. 在智能货架的前端显示屏点击查看指定商品的详细信息。

2. 将智能货架上的商品取下并观察前端一体机显示屏的商品显示变化情况。

实验环境

系统环境：Chrome 浏览器。

软件：智能货架系统。

硬件：贴标模拟商品。

实验步骤

1. 查看智能货架上商品的信息。

（1）在智能货架上摆放带有 RFID 标签的商品。

（2）进入智能货架系统，查看已摆放的商品是否都显示在页面上。查看显示商品的数目和名称是否与货架上的商品一致，如图 8－1 所示。

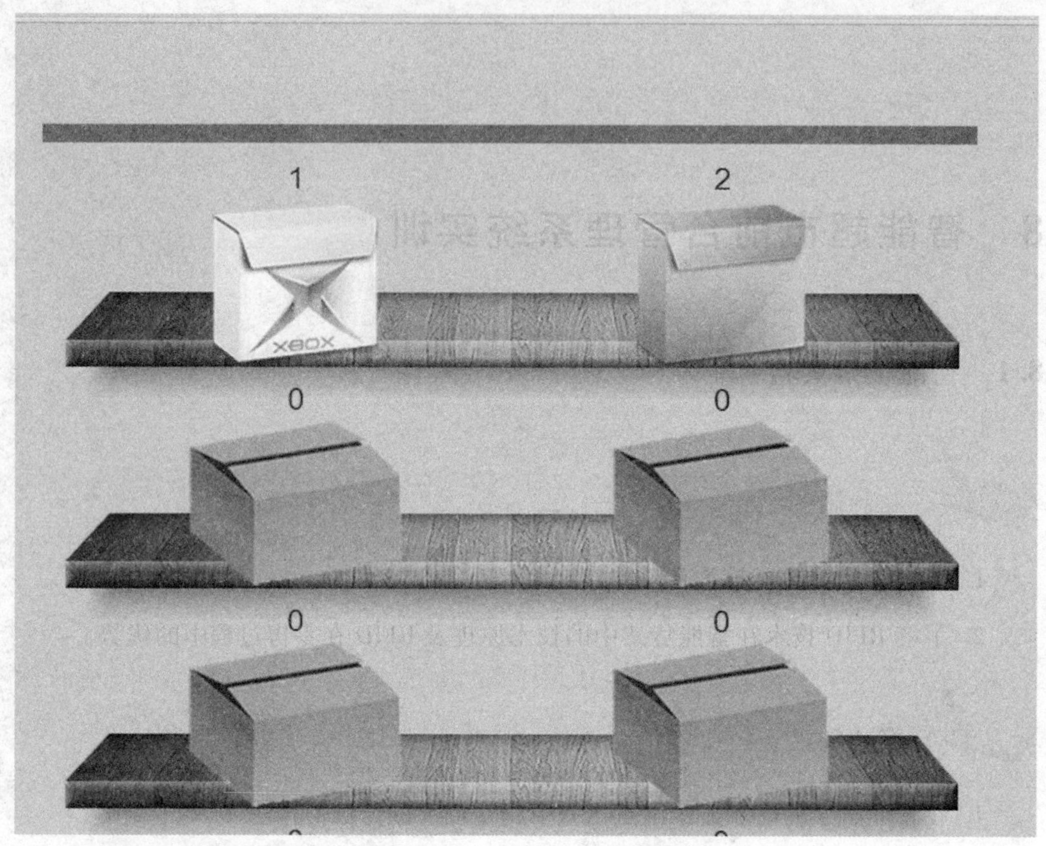

图 8－1 “智能货架”显示界面

2. 反复进行放上和取下的操作，查看智能货架系统页面上是否有对应的变化。

1. 梳理实验过程，并对实验系统的关键环节进行截图说明。

2. 分析基于 RFID 技术的智能货架的技术原理。

3. 对比分析超市应用智能货架与传统货架的优势，并提出基于智能货架的更多应用。

8.2 非购物车购物实验

1. 了解智能超市的业务流程。

2. 了解 RFID 技术在智能超市中的应用与优势。

3. 了解 RFID 技术在超市结算过程中的优势。

1. 根据采购单选购商品。

2. 使用智能超市的智能购物车系统完成自动结算。

系统环境：Windows 7/Windows 8。

软件：智能自助结算系统。

硬件：贴标模拟商品、用户 RFID 卡。

1. 根据采购单选购商品。

（1）根据采购单，到智能超市的智能货架选取所需的商品。

（2）自主查找采购单上的商品（传统条件下，去陌生的超市，寻找商品往往花费较多的时间，超市越大，花费的时间越长）。

（3）找到商品后，查看商品信息（一般只能查看到商品外包装上所显示的信息，物流信息几乎不能查看）。

2. 使用智能超市的自主结算系统完成结算。

（1）用户使用身份卡，登录超市的自助结算系统。

（2）顾客通过在自助发卡器上，对自己所购买的商品进行一一扫码，来完成商品的结算，如图 8－2 所示。

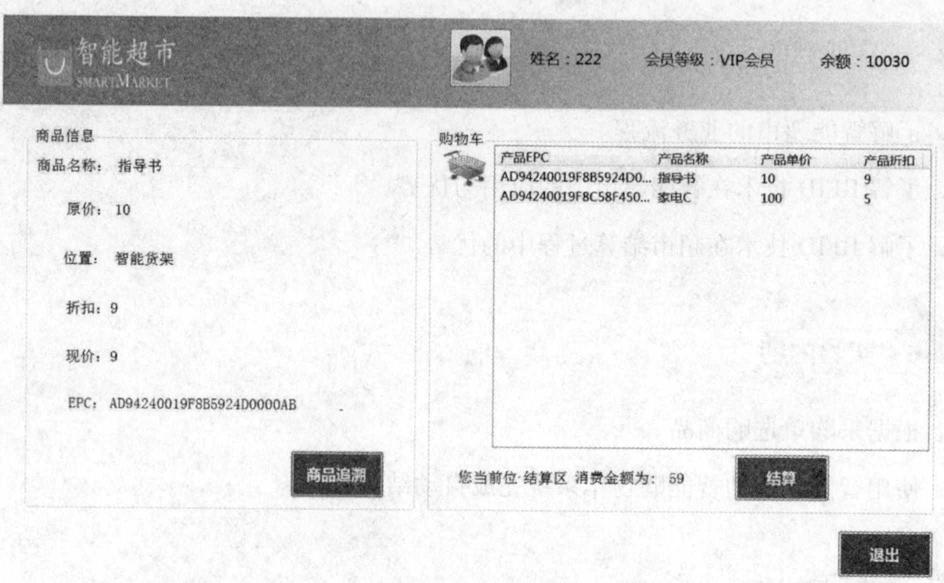

图 8－2　自主结算

1. 梳理实验过程，并对实验系统运营过程的关键环节进行截图说明。
2. 分析基于 RFID 技术的超市自助结算过程的流程及技术原理。
3. 对比分析与传统结算过程的优势。

9 智能购物车管理系统实训

9.1 购物车基本信息维护实验

实验目的

1. 了解智能超市的业务流程。
2. 了解 RFID 技术在智能超市中的应用与优势。
3. 了解 RFID 技术在超市前台货物管理中的应用原理与智能货架的原理。

实验内容

1. 用注册的用户身份卡登录购物车。
2. 维护用户信息。
3. 商品信息查看。

实验环境

系统环境：Windows 7/Windows 8。

软件：智能购物车系统。

硬件：购物车、贴标模拟商品、用户 RFID 卡。

实验步骤

1. 登录购物车。

（1）打开智能购物车软件，双击界面打开配置界面，对服务器及中间件进行设置。

（2）设置完成后重启程序，在刷卡区刷卡，完成登录。

2. 维护用户信息。

登录后，打开个人信息维护界面，对个人基础信息进行维护，如图 9 – 1 所示。

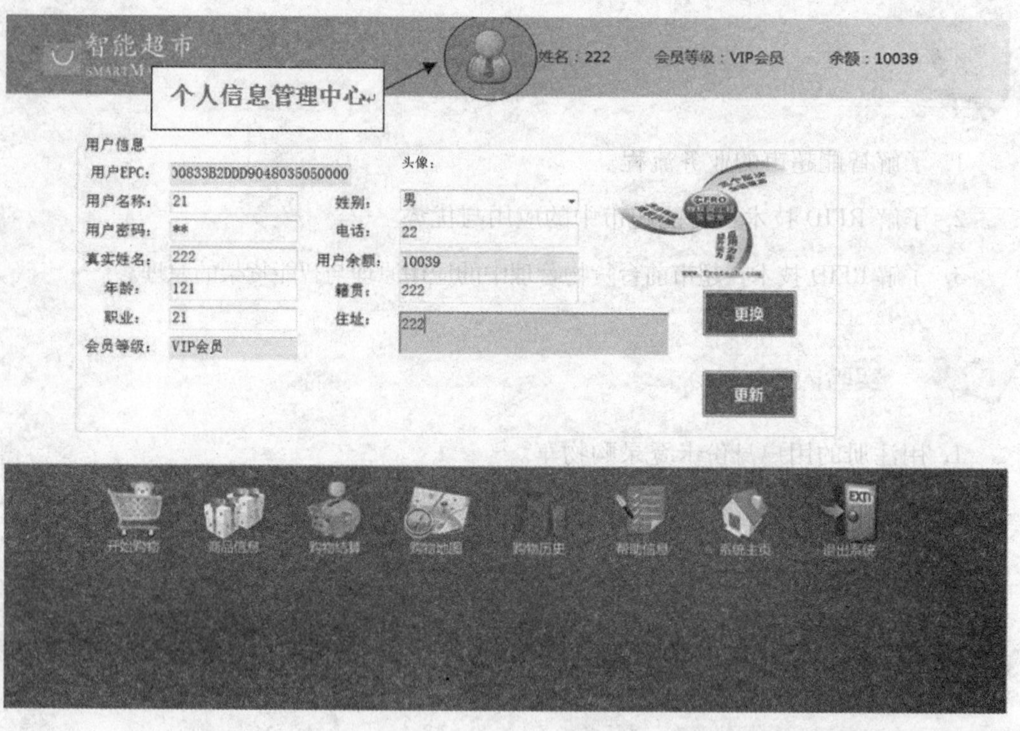

图 9 – 1　用户信息维护

3. 商品信息查看。

（1）进入购物界面，在货架上选取商品，放置于购物车的读卡区，查看商品的基础信息。

（2）点击商品追溯，查看商品的详细信息，如图 9 – 2 所示。

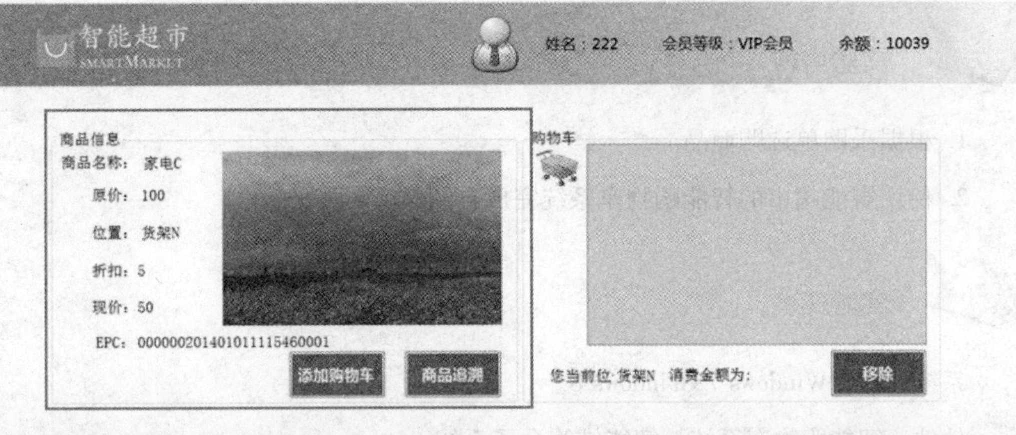

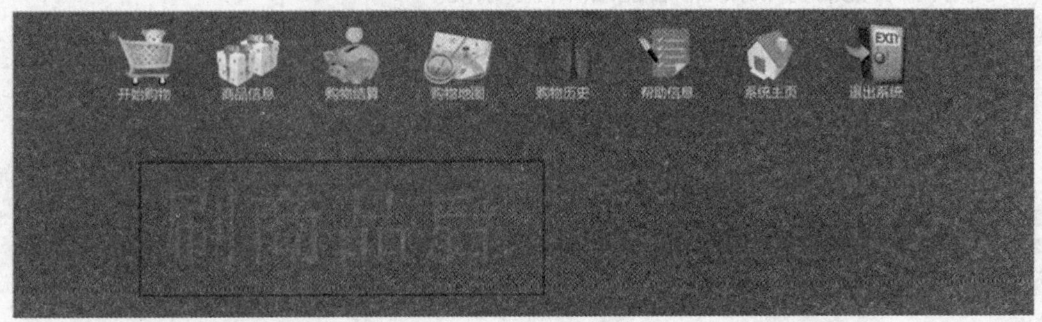

图 9－2　查看商品信息

实验报告

梳理实验过程，并对实验系统运营过程的关键环节进行截图说明。

9.2　购物车自动结算实验

实验目的

1. 了解智能超市的业务流程。
2. 了解 RFID 技术在智能超市中的应用与优势。
3. 了解 RFID 在智能结算中的应用原理。

实验内容

1. 根据采购单选购商品。

2. 使用智能超市的智能购物车系统完成自动结算。

实验环境

系统环境：Windows 7/Windows 8。

软件：智能购物车系统、智能结算台子系统。

硬件：购物车、贴标模拟商品、用户 RFID 卡。

实验步骤

1. 根据采购单选购商品。

（1）登录到超市系统。

在智能购物车的发卡器上刷自己的会员卡，登录到超市的系统。成功读取到会员信息后，系统显示该会员的信息，如图 9－3 所示。

（2）查找商品。

打开“商品信息”选项，在“商品列表”里会出现超市所有的商品以及具体信息，而且会显示自己的位置。如图 9－4 所示，顾客可以在商品列表里查找商品。

此时，打开“购物地图”，在出现的超市 3D 布局图中，如图 9－5 所示，会实时显示自己的位置和商品的位置。为顾客规划自己的购物路线提供了方便，节约了时间。

（3）开始购物。

在智能购物车系统上，找到“开始购物”选项。当有商品靠近读写器时，会自动识别该商品的标签，读取该商品的信息，如图 9－6 所示。

“添加购物车”功能为添加商品到窗体右边的购物车显示框中，若添加成功，

图 9－3　刷卡登录

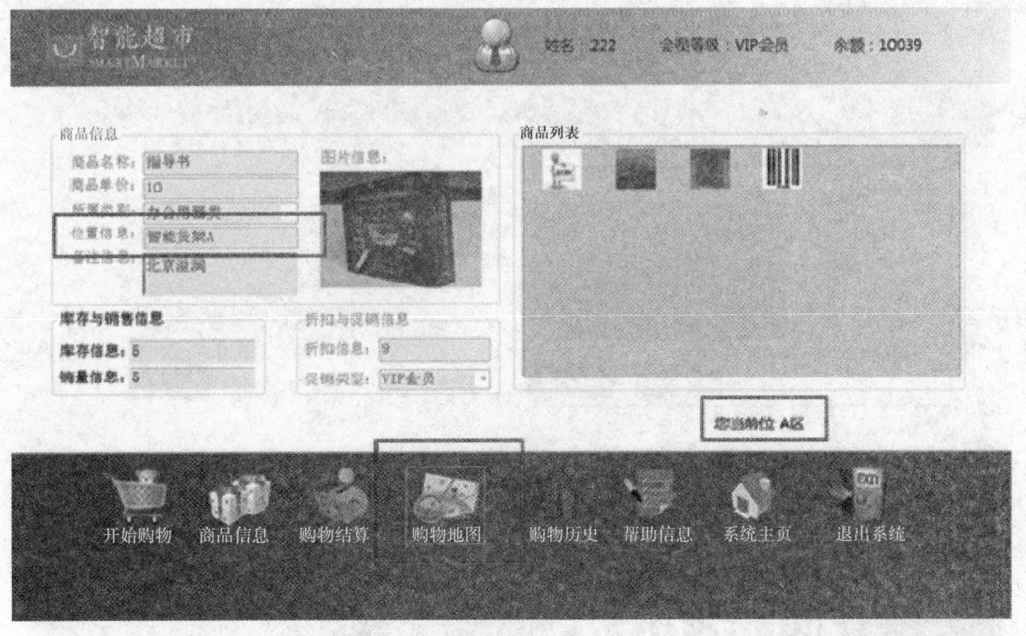

图 9－4　商品信息

将在购物车显示框中显示该商品。当需要移除购物车中的商品时，可通过“移除”按钮将购物车中被选中的一件商品移除购物车。

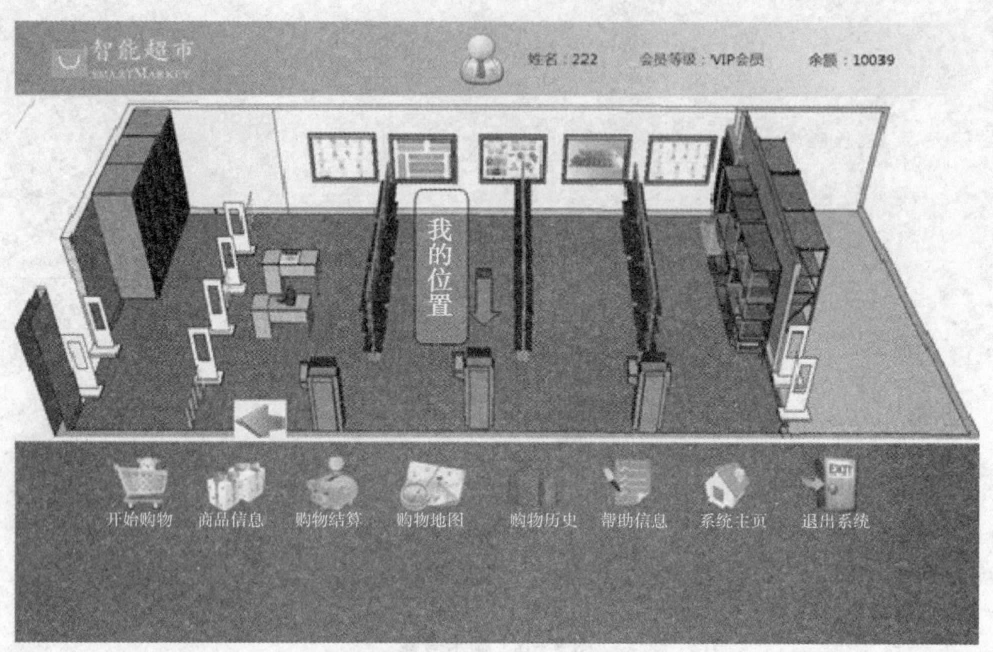

图 9－5　3D 布局图

注：蓝色箭头显示的是自己所在的位置。

图 9－6　商品信息

“商品追溯”功能，可以查看商品更详细的信息，如图 9－7 所示。

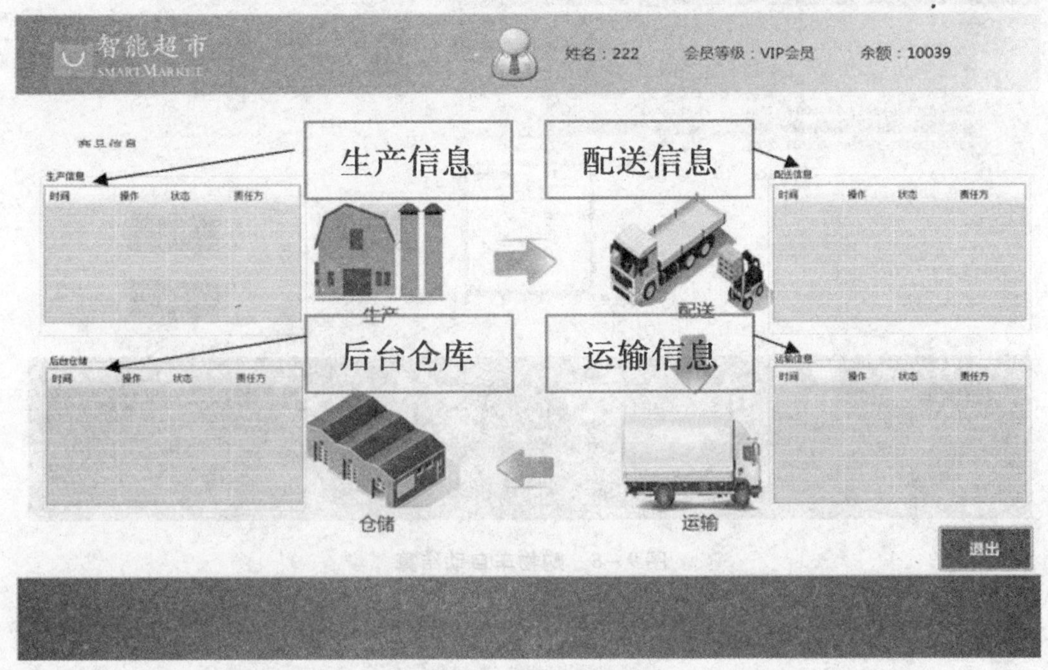

图 9－7　商品追溯信息

2. 使用智能超市的智能购物车系统完成自动结算。

（1）购物结算。打开“购物结算”功能，进入商品结算环节。此时如果存在没有使用智能购物车添加的商品，直接通过结账通道，该商品会在无效商品栏中显示出来，如图 9－8 所示。

（2）点击“确认支付”选项，系统将从个人余额中扣除商品金额。结算完成，显示结算成功提示。

实验报告

1. 梳理实验过程，并对实验系统运营过程的关键环节进行截图说明。

2. 分析智能超市结算过程的流程及技术原理。

3. 对比分析与非购物车购物结算过程的优势。

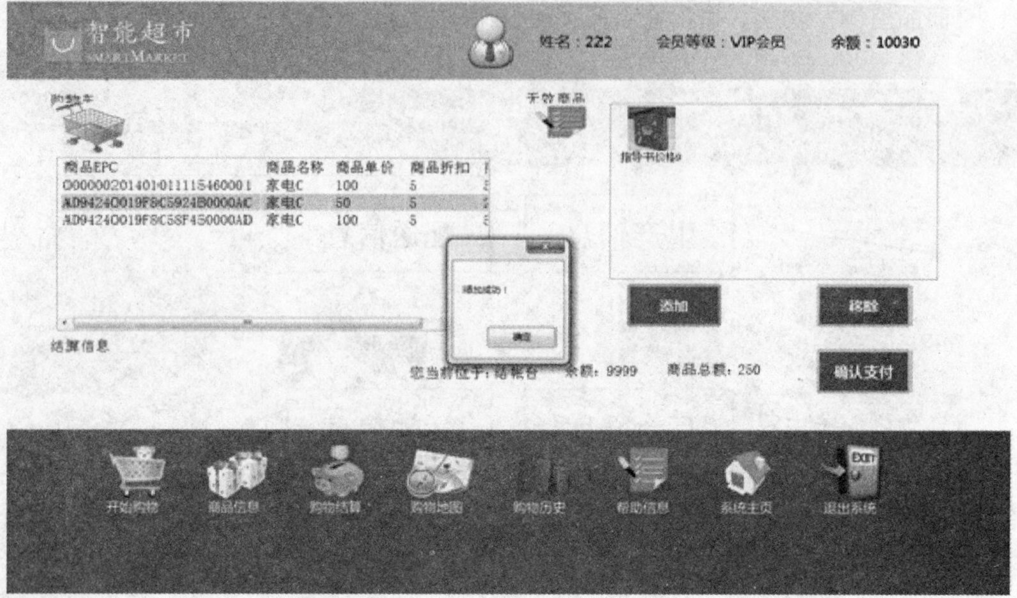

智能超市
SMARTMARKET
姓名：222
会员等级：VIP会员
余额：10030
购物车
无效商品
商品EPC 商品名称 商品单价 商品折扣
000000201401011115460001 家电C 100 5
AD9424O019F8C5924B0000AC 家电C 50 5
AD9424O019F8C58F450000AD 家电C 100 5
添加成功！
确定
添加
移除
结算信息
您当前位于：结帐台
余额：9999
商品总额：250
确认支付
开始购物
商品信息
购物结算
购物地图
购物历史
帮助信息
系统主页
退出系统

图 9-8　购物车自动结算

参考文献

REFERENCES

[1] 张赫，孙家庆．智能物流［M］．北京：中国财富出版社，2011.

[2] 李蔚田，神会存．智能物流［M］．北京：北京大学出版社，2013.

[3] 李俊韬，刘丙午，张伦，等．智能物流系统实务［M］．北京：机械工业出版社，2013.

[4] 李俊韬，等．物流信息技术与信息管理实训［M］．北京：机械工业出版社，2013.

[5] 徐勇牟，刘禹，王峰．物联网关键技术［M］．北京：电子工业出版社，2012.

[6] 张凯，张雯婷．物联网导论［M］．北京：清华大学出版社，2012.

[7] 庞明．物联网条码技术与射频识别技术［M］．北京：中国物资出版社，2011.